POCHES ODILE JACOB

FRANÇOIS-XAVIER POUDAT

LA DÉPENDANCE AMOUREUSE

Quand le sexe et l'amour deviennent des drogues

Odile Jacob
poches

15, rue Soufflot, 75005 Paris

www.odilejacob.fr

ISBN : 978-2-7381-2339-8
ISSN : 1621-0654

« Si je diffère de toi, loin de te léser, je t'augmente. »

SAINT-EXUPÉRY,

Lettre à un otage, Gallimard, 1974.

Introduction

Depuis plus de vingt ans, le même constat ne cesse de m'étonner : un couple est aussi vrai et honnête quand il s'aime que quand il se quitte ou se déchire. La violence déployée dans les crises ou les séparations équivaut, à peu de choses près, à l'énergie dépensée pour capter l'attention de l'autre, le séduire, l'aimer, en être aimé. Nos choix amoureux sont un autre exemple de cette complexité. Les critères qui les expliquent sont très souvent ceux qui nourrissent plus tard les reproches et les drames ou qui sont à l'origine de la rupture. En clair, on choisit quelqu'un pour son côté rassurant ou son indépendance et on en vient un jour à ne plus le supporter pour son côté collant ou ses absences…

Ma pratique m'a amené à recevoir de très nombreux couples, encore amoureux ou plus du tout amoureux. Il m'est arrivé, tout aussi souvent, de recevoir des femmes et des hommes seuls, qui ne voulaient pas de couple, qui lui préféraient la passion ou l'aventure d'un soir. Au fil de mes consultations, il m'est apparu de plus en plus clairement qu'on ne pouvait comprendre la constitution ou la disparition du lien amoureux, voire le refus de tout lien amoureux, sans prendre en compte un paramètre simple et essentiel.

Je veux parler du type de dépendance qui, chez chacun de nous, détermine notre relation aux autres. D'une façon générale, plus l'autre va me « servir » à combler mes attentes, à apaiser mes craintes, à obtenir ce que je n'ai pas reçu ou à retrouver ce que j'ai perdu et plus ma dépendance envers lui sera forte. Un couple est toujours beaucoup plus que l'addition de deux personnes ; c'est un véritable système créant un ensemble dynamique plus ou moins stable ; c'est un système homéostasique. Il n'y a pas de persécuteur sans persécuté, de protecteur sans protégé, d'actif sans passif, de dévoué sans égoïste, de solide sans inconsistant, de sérieux sans fantaisiste, de « rôle-maman » ou « rôle-papa » sans « rôle-enfant ».

Trois grands modes de dépendance amoureuse retiendront notre attention ici ; dans leurs versions extrêmes, ils correspondent à des profils psychologiques précis et font suite, le plus souvent, à des histoires de vie caractéristiques. Ce sont :

- ***La dépendance à un certain type de relation amoureuse*** (séduction, passion, fusion...), laquelle peut s'exprimer dans le couple ou hors du couple.
- ***La dépendance à l'autre***, la personne aimée dans le couple que l'on forme.
- ***La dépendance sexuelle***, qu'elle qu'en soit la forme, que l'on soit seul ou pas, en couple ou pas (conduite sexuelle solitaire et répétitive, utilisation du partenaire sexuel de manière compulsive ; fixation sur une partie du comportement sexuel...).

Certes, en matière de sentiments ou de sexualité, la marge est étroite entre le normal et le pathologique. D'une certaine façon, et jusqu'à un certain degré, nous sommes tous dépendants de l'autre (nous l'aimons !), de l'histoire que nous avons avec lui (nous y tenons !) ou du plaisir que nous apporte notre vie sexuelle (nous en redemandons !). Cela étant, nous sommes, malgré tous ces liens de dépendance, encore capables d'exister par nous-mêmes, d'avoir d'autres centres d'intérêt, de mener d'autres activités. Les vrais dépendants n'ont, eux, plus cette liberté : dans leur cas, la relation à deux ou la sexualité sont devenues vitales, au sens propre ; ils ne peuvent plus s'en passer ; ils en ont besoin de façon obsessionnelle pour combler leur solitude, calmer leur angoisse, remplir un vide, ne pas couler. Autant dire, évidemment, qu'à ce niveau de dépendance amoureuse, il n'y a plus vraiment d'amour : il n'y a plus que de la dépendance. C'est-à-dire beaucoup de souffrances, de drames, de crises qui, très souvent, finissent par provoquer l'effondrement personnel ou la rupture du couple*.

---

* Vous trouverez à plusieurs reprises, au cours de votre lecture, des références à tel ou tel film, français ou étranger. Le cinéma offre, en effet, une bonne bouée de sauvetage à qui veut sortir de la dépendance amoureuse. Pour plus de détails, voir la liste figurant, à titre indicatif, en fin d'ouvrage.

CHAPITRE PREMIER

De l'attachement à la dépendance

Nous allons progressivement entrer dans ce qui fait la complexité des relations entre les êtres et les choses, dans le monde de l'attachement et de la dépendance. L'attachement et la dépendance ont en commun de permettre l'établissement d'un lien permanent entre deux entités distinctes, pour autant leur dynamique n'est pas la même. L'attachement, dans son acception quotidienne (« je suis attaché à quelqu'un »), témoigne d'un lien fort, mais ne dit rien du degré d'autonomie à l'intérieur de ce lien. Classiquement, l'attachement n'empêche pas le détachement, bien au contraire : grâce à un bon amarrage, l'exploration du monde sera plus aisée. La dépendance, à l'inverse, témoigne d'un lien plus fort en intensité et en durée ; elle a pour conséquence d'éviter la découverte du monde, « accrochant » les deux entités l'une à l'autre comme si c'était l'unique chance de survie. Commençons par une petite histoire.

ET, l'extraterrestre

Quand le moment arriva pour lui de voir comment était fait le monde, il ne s'était, évidemment, jamais demandé s'il était prêt à prendre le risque de vivre cette expérience, il était là et il n'avait plus le choix : il ne pouvait plus retourner en arrière. Dans sa naïveté, il était disposé à accepter ce qu'on lui donnerait : des mots, des gestes, une présence – un lien, en fait. Il avait déjà perçu, avant sa sortie, que tout n'était pas simple, il avait ressenti toutes sortes de sensations qui l'avaient bouleversé ; elles étaient parfois drôles, parfois apaisantes, parfois énervantes, parfois douloureuses. Il ne savait évidemment pas que cela s'appelait joie, bonheur, amour, fatigue, stress, angoisse, peur, haine ou violence, mais, déjà, à cette époque, quand il était encore à l'intérieur du ventre de sa mère, il sentait qu'il y avait parfois de « l'eau dans le gaz » et que tout n'était pas simple, là-bas, dehors. Était-il « quelque chose » ? Était-il déjà quelqu'un ? Difficile de répondre, il respirait, il pensait ; il se rappelait aussi qu'à son arrivée au monde, il avait pleuré.

Ensuite, durant ses premières années, il a été adulé (par amour), câliné (par attachement), papouillé (par besoin), montré (par fierté), singé (par bêtise), laissé tout seul (par énervement), rejeté (par angoisse), abandonné (par vengeance). Il a senti qu'il « servait » à des choses qui n'avaient pas forcément de rapport avec ses propres besoins. C'est alors qu'il connut ses premières frayeurs et ses premières frustrations. Malgré tout, il décida de s'accrocher à la vie, mais savait-il qu'on ne lui laisserait peut-être pas le choix des moyens pour y parvenir ?

Les années passant, il comprit que, pour s'en sortir, il fallait user de stratagèmes pour capter l'attention de son entourage et exister dans le regard de l'autre. Cela fut très dur de trouver la bonne stratégie, car les autres ne se sont pas laissé faire. Sa première stratégie fut d'être très sage, de faire plaisir, de répondre à ce qu'on voulait de lui. Il décida donc de bien travailler à l'école, de ne pas poser de questions, de ne pas faire de peine, de ravaler ses tristesses, de ne pas montrer ses colères, d'être sage comme une image. Il entendit ses parents dire qu'il s'élevait tout seul, qu'il ne posait pas de problèmes et qu'avec lui, tout semblait simple. En fait, tout n'était pas si simple, car, en calculant bien, il avait plus donné que reçu, plus attendu que pris. Il comprit que « ravaler » et être gentil calmaient ses proches, mais pas lui : cette petite vie solitaire, si répétitive, avait rendu le monde extérieur effrayant.

Très rapidement, à cause de la présence auprès de lui de frères, sœurs et camarades de jeu, il dut changer de stratégie. Sa deuxième stratégie, donc, consista à être malade et fragile, par souffrance ou par calcul, mais il se fit peur, car il alla loin, trop loin, perdant parfois le contrôle de son corps. Il ne savait plus trop où il en était, que n'aurait-il pas fait pour obtenir de l'amour, de la compassion, des câlins ? Son entourage prit peur aussi, il fut protégé, materné, puis, bousculé et même rejeté selon les humeurs des uns et des autres. Il tenta alors une troisième solution et décida de faire des bêtises, au départ sans grande conséquence. Cela marcha plutôt bien ; de nouveau, on prit peur autour de lui, mais rapidement, on redevint énervé, distant ou rejetant, comme avant. Alors, il fit encore pire et il reçut encore moins. Faute de mieux, il se résigna à utiliser ce qui lui paraissait le moins mauvais et le moins dur à vivre ; il prit ce qu'il y avait de bon (et il y en eut) ; il supporta l'acceptable, voire l'inacceptable ;

il fit des contorsions pour s'en sortir. Il comprit qu'il était toujours à la merci de ses géniteurs et de leurs besoins, mais que ceux-ci étaient parfois, malgré cela, sensibles à ses désirs à lui, à ses manques. Il se sentit plein « de creux et de bosses », plein de douleur et de bonheur, de lassitude et de légèreté, de honte et de fierté, de colère et de culpabilité. Il avait toujours peur de ne pas être à la hauteur de ce qu'on attendait de lui. Était-il de trop ? Était-il responsable de tout, notamment de la souffrance des siens ? Au fond, il ne voulait que de l'amour pour mieux quitter son « port d'attache » et pouvoir s'autoriser à explorer le monde.

Dans les faits, il reçut de l'amour, parfois c'était un peu étouffant (trop de présence et de protection) ; il provoqua l'indifférence, parfois le rejet (trop de silence et d'absence) ; il apprit l'interdit et parfois la violence (trop de contrainte et d'excès). Ce n'est que bien plus tard qu'il comprit que tout le monde vivait avec « ces creux et ces bosses », avec ces « trop » et ces « pas assez », que tout le monde faisait ce qu'il pouvait pour s'en sortir, que tout le monde « bricolait » ! Il comprit que ces expériences de vie, si douloureuses qu'elles aient été, lui avaient donné de la force, de l'énergie, des compétences.

Après ce parcours de combattant semé d'embûches, notre petit bonhomme a décidé de vivre sa vie et de s'accrocher à tout ce qui pourrait l'apaiser. En face, ses parents faisaient ce qu'ils pouvaient… pour lui montrer qu'il était encore très jeune et qu'il ne pouvait pas se débrouiller tout seul. Il a longuement hésité entre rester dans sa maison ou partir découvrir le monde, il voulait les deux. Il n'a compris que très tard qu'il était face à un choix illusoire : s'il se conformait au programme prescrit par les grands, il était en territoire connu, mais il demeurait soumis aux autorités en place ; s'il réagissait, s'il prenait le risque de rompre, il ferait souffrir les siens, il se sentirait coupable, mais il découvrirait des territoires inconnus. Il devait se faire confiance…

Comme on lui avait peu appris à nager – ses parents n'étant pas très doués pour la natation synchronisée –, la recherche de bouées de sauvetage a été indispensable pour pouvoir nager dans les eaux profondes. Cette vie de « grand » était très risquée, mais plutôt excitante, il devait faire face à de multiples situations de défi. Les pires furent celles qu'il connut quand il fit face au vide, à l'insécurité, à l'inconnu, au silence, à l'attente, à la perte de contrôle de soi, à l'envahissement par l'autre… Il dut trouver des solutions ; l'apprentissage de la natation étant loin d'être terminé, il se raccrocha à tout ce qu'il put ; il se rappela que, dans son histoire, il avait connu des liens d'attachement plus ou moins sécurisants : ses parents, sa famille, mais aussi ses études, son travail, ses amis, ses petit(e)s ami(e)s, la nourriture… C'était le passage obligatoire avant le grand saut, avant le lâchage des bouées, mais attention pas de toutes les bouées, car il avait décidé d'en garder certaines au cas où… Ce n'est que bien plus tard qu'il apprit que son futur s'appelait « possible ».

Nous sommes tous dépendants

Comme dans cette histoire, pour grandir, nous utilisons tous des ports d'attache. Le couple de nos parents en est un, c'est la base naturelle, le point de départ de la conquête de notre monde environnant, donc de notre autonomie. Plus le port d'attache est stable, sécurisant, solide, plus nous nous autoriserons à le quitter pour « avancer en pleine mer » sans trop utiliser de bouées ; à l'inverse, plus la base est insécurisante, plus nous allons utiliser des bouées artificielles. Cela étant, je précise tout de suite qu'une base trop sécurisante, trop protectrice, rend la sortie en pleine mer difficile en raison du contraste entre l'insécurité extérieure et l'hypersécurité offerte par les parents. Depuis plus de vingt ans, ma pratique de thérapeute me confirme tous les jours que nous n'existons, dans notre présent, qu'avec des amarrages, des repères, des liens qui nous attachent. De ce point de vue là, nous sommes tous des dépendants, dépendants à tout et à n'importe quoi. La limite entre le normal et le pathologique est une question de flexibilité, de souplesse, d'adaptation. Elle est déterminée par notre capacité à vivre, à jongler avec nos « bouées de dépendance », notamment dans nos rapports avec les autres.

L'être humain, comme tout organisme vivant, est dépendant de son environnement. La dépendance parentale, maximale pendant les premières années de la vie, évolue ensuite pour faire place à une relation plus équilibrée où l'échange et la complémentarité prennent le pas. En ce sens, il n'existe pas d'individu parfaitement autonome, sans attache avec l'extérieur et indépendant de toute contrainte interne. En permanence, nous créons et avons besoin, pour exister, de liens (couple, relations amicales…), d'amarrages (horaires, plannings), d'obligations diverses (travail, fonctions dites naturelles comme manger…), d'activités plaisantes (avoir des rapports sexuels, faire du sport…), qui donnent plus de solidité, de sécurité, plus d'attrait à notre vie. Ces attaches, ces ancrages seront plus ou moins essentiels selon les personnes. Pour certains, ils seront absolument vitaux, nécessaires à leur stabilisation et à leur survie : il ne sera ni permis ni souhaitable de s'en passer. Pour d'autres, en revanche, il sera possible de rompre et de s'éloigner, de nager sans bouée, sans croire à la noyade à la première occasion.

Les ancrages sont partout dans notre vie et s'en écarter n'est pas toujours facile. C'est par exemple être capable de s'éloigner de son domicile ou d'aller dans un endroit inconnu seul et sans angoisse ; ce peut être aussi supporter l'absence, pendant plusieurs jours, de l'être aimé sans souffrance ou bien accepter ses doutes, ses incertitudes, ses risques, ses fragilités sans panique ni effondrement dépressif systématique ou encore vivre sans malaise profond des moments de vide (« je ne sais pas quoi faire en dehors de mon travail, sans mon activité sportive ou pendant mes vacances si elles ne sont pas remplies par du monde »), des moments de silence (« je ne sais jamais rester sans parler »), des moments d'attente (« je ne sais pas m'arrêter, m'asseoir »), des moments de lâcher prise (« je ne sais pas me laisser aller, m'abandonner »).

Prenons Gaëlle, 28 ans, qui se plaint d'une absence de désir sexuel pour son mari. Elle n'a jamais de temps dans sa journée, remplie qu'elle est par son travail, son enfant, sa maison, ses amies, ses sorties. Elle n'est satisfaite et elle ne se sent vivre que lorsqu'elle déborde d'activités ou de soucis. Une de ses grandes peurs est de rester seule, chez elle ; il faut qu'elle soit en permanence entourée ; c'est d'ailleurs aussi pour cela qu'elle veut d'autres enfants. Son mari qu'elle n'a évidemment pas choisi par hasard est un homme très prévenant, toujours à ses petits soins et qu'elle rejette souvent quand il exprime le désir d'avoir des rapports sexuels. Elle dit ne pas avoir de crainte quant à sa loyauté, qu'elle est sûre qu'il n'ira jamais voir ailleurs : elle le possède. Si un risque survenait, elle saurait de toute façon quoi faire pour le ramener vers elle (du sexe !). À l'évidence, Gaëlle n'a pas de problème sexuel, elle a des difficultés à exister pour et par elle-même ; elle vit à travers les autres, elle remplit son existence avec son travail, ses amies, son enfant, son projet d'enfants, son homme. Tout cela lui sert d'amarrage au quotidien pour bannir le vide, la solitude, l'absence, le lâcher prise (faire l'amour pour avoir un enfant, oui, le but est louable, mais pas pour s'abandonner à un plaisir inutile et risqué, car non maîtrisable et peut-être honteux). Comme Gaëlle, nous existons tous grâce à des repères qui servent de base à notre vie : notre métier, nos amis, nos besoins sexuels, nos enfants, notre conjoint, nos activités sportives, etc., mais heureusement ces habitudes ne deviennent pas systématiquement des drogues, nous savons nous en détacher et exister sans elles – j'ai bien dit « exister sans » et non « exister par ».

S'attacher pour mieux se détacher

De nombreuses études ont permis de mieux comprendre en quoi le concept d'attachement est un des paramètres essentiels pour saisir les processus d'autonomisation. Arrivé à l'âge adulte, un individu va organiser sa vie affective en fonction de ses liens d'attachement passés, et l'insécurité éventuelle qu'il aura éprouvée dans l'enfance sera déterminante dans la mise en place de ses dépendances. John Bowlby a été le précurseur de la théorie de l'attachement qui touche plus particulièrement les aspects de la relation de sécurité. Il a été au départ interpellé par les observations de Konrad Lorenz sur des oisons à la naissance[1]. Celui-ci avait constaté que, à peine sortis de leur coquille, ces petits êtres suivaient la première chose qui leur passait devant les yeux, et ce, pendant le restant de leur vie. En temps normal, il s'agit de la mère, mais étonnamment, même lorsqu'il ne s'agissait pas d'elle, ces oisons suivaient l'objet ou l'être en question. C'est ainsi que de petits oisons se sont fidèlement attachés à Lorenz, premier présent au moment de leur éclosion. Bowlby en tire la conclusion que la proximité physique, manifestation d'un besoin de protection, est tout aussi vitale que le lait maternel.

Si l'on passe de l'oison à l'être humain, on constate que notre système comportemental s'organise autour d'un équilibre dynamique entre expériences d'insécurité et expériences de sécurité vécues au cours de l'enfance. Tout enfant, par le biais des relations auxquelles il est confronté, va construire des attentes par rapport aux autres qu'il côtoie. La stabilité et la régularité des figures d'attachement, notamment parentales, vont permettre la construction d'un modèle imaginé, fantasmé, sécurisant ou insécurisant, concernant tout autant l'image qu'il se fait des « êtres attachants » que celle qu'il se fait de ses rapports aux autres. Or il existe une sorte de balance entre le comportement d'attachement et le comportement d'exploration. Ce n'est que lorsque la base de sécurité est satisfaisante et que les besoins d'attachement sont comblés qu'un individu peut s'éloigner de sa figure d'attachement pour explorer son monde interne ou le monde extérieur. Pour Bowlby, les comportements d'attachement et les comportements d'exploration sont activés ou désactivés en miroir. La surprise, la présence d'un objet ou d'une personne inconnus, la menace d'éloignement de la figure d'attachement, une tension interne, bref, tout état d'alerte activerait les comportements d'attachement, inhibant de ce fait les comportements d'exploration. Comme toute situation nouvelle est susceptible d'engendrer une peur « normale », un bon fonctionnement des comportements d'attachement sert les capacités d'exploration d'un individu. On peut ainsi considérer que l'attachement a non seulement une fonction de protection, mais également une fonction d'exploration. Autrement dit, il faut s'ancrer pour s'autoriser à partir[2].

Vu sous cet angle, l'amour des parents pour leurs enfants et leur empressement à répondre à leurs besoins ne sont donc pas des obstacles à leur autonomie future ; ils ne risquent pas de renforcer leur dépendance, loin s'en faut : ils leur donnent plutôt suffisamment d'assurance pour ensuite mieux s'ouvrir au monde extérieur. Il y a, cependant, des exceptions qui ne font que confirmer la règle, notamment lorsque l'enfant est lui-même « utilisé » par l'un de ses parents comme une bouée, un « objet addictif », lorsqu'il sert à combler des vides, à apaiser des craintes, à améliorer une image narcissique. Rassurez-vous : nous le faisons tous *a minima* avec nos enfants, et le danger n'existe vraiment que si l'envahissement affectif et l'étouffement fusionnel deviennent le mode de comportement normal. Alors, oui, ils produiront les mêmes dégâts que l'indifférence ou le rejet affectif. Une « boulimie d'amour », en effet, empêche autant un enfant d'exister pour lui-même qu'une absence d'amour l'empêche d'apprendre à connaître ses limites. Nous retrouverons les mêmes dysfonctionnements dans les dépendances sexuelles et affectives chez les adultes en couple.

De la normalité à la dépendance

La dépendance comme « manière d'être au monde » frappe sans distinction d'âge, de sexe, ou de classe sociale. Si les mécanismes en jeu sont les mêmes dans tous les cas, le regard social varie selon l'objet de dépendance. Certaines dépendances seront ainsi valorisées comme le travail ou le sport ; d'autres seront peu combattues même si la société semble vouloir les limiter : l'alcool, le tabac, les médicaments, les jeux d'argent... ; d'autres seront clairement considérées comme inacceptables : la drogue ou les conduites sexuelles perverses ; d'autres, enfin, seront ignorées, car relevant de la vie privée : le sexe, la télévision, les jeux vidéo, Internet, les achats compulsifs...

Les dépendances autour de nous sont aussi nombreuses que variées ; leur fonction, du moins au départ, semble être de nous aider à ne pas couler. Certains d'entre nous sont sans doute mieux armés pour s'adapter à notre « monde de brutes » grâce à leur souplesse et leur malléabilité psychique ; ces personnes ont des ressources plus adéquates et des capacités de changement plus performantes, issues de leur histoire personnelle et de leurs expériences ; d'autres, en revanche, sont en recherche permanente d'amarrage pour ne pas se noyer et s'accrocheront à toutes les bouées artificielles qu'ils rencontreront. Plus ou moins vite, et malgré la souffrance liée à l'envahissement de la vie quotidienne par telle ou telle « drogue » à laquelle elles s'adonnent de façon exclusive, ces personnes n'auront d'autre solution que de répéter les mêmes comportements appris depuis de très nombreuses années, au point de ne pas pouvoir fonctionner autrement.

La dépendance s'exprime selon deux modalités qui peuvent alterner ou se combiner. La première est un état constant, façonnant un type de rapport très particulier aux autres : c'est l'exemple des couples dépendants où les deux partenaires sont « accros » l'un à l'autre. La seconde se manifeste plutôt par des poussées compulsives, incontrôlables : c'est l'exemple des « boulimiques de sexe ».

Loin d'être une exception, le mode de fonctionnement dépendant est majoritaire dans notre civilisation. D'autant que les systèmes sociaux, familiaux, conjugaux sont, à l'heure actuelle, loin d'être sécurisants. Ils développent l'individualisme, l'égoïsme, l'isolement ; ils renforcent les clivages, les ruptures, les abandons de toutes sortes (la société de consommation favorise ce qu'on pourrait appeler le « couple jetable ») ; ils développent la fragilité. Ce n'est pas un hasard si, devant ce qu'il exige de lui-même ou ce que l'on exige de lui, un être humain est obligé de recourir à des artifices pour s'en sortir, de s'attacher avec des bouées pour ne pas se noyer. C'est ainsi que se déclenchent, dans le cadre d'un fonctionnement dépendant, permanent et figé, des accès, des crises « boulimiques », des raptus « toxicomaniaques » qui, évidemment, vont renforcer la dépendance. À cet instant précis, face aux exigences personnelles et environnementales, ces « accès compulsifs », ces « épisodes boulimiques » apparaissent comme la seule solution pour résoudre immédiatement les problèmes quotidiens.

Un choix, pourtant, s'impose à nous tous. Soit nous acceptons la dépendance avec ses avantages et ses inconvénients, et nous avons alors tout intérêt à « choisir » les dépendances les mieux acceptées par notre société (le sport ou le travail) plutôt que les dépendances à fort rejet social et à graves conséquences pour soi et pour autrui (l'alcool ou la drogue). Soit nous prenons le risque de « grandir », de devenir autonome, tout en gardant quelques petites dépendances mineures (on a toujours besoin d'une petite dépendance chez soi !), et nous entamons un processus d'individuation, nous partons vers l'inconnu avec l'excitation liée à la découverte mais aussi l'angoisse inhérente à toute prise de risque. Il faudra alors s'accommoder des échecs, des rejets, de ses doutes, mais la connaissance de soi, de ses potentiels, de ses richesses est à ce prix. Grandir, c'est avoir conscience de ses fragilités, de ses manques qu'il va falloir « trimbaler » à vie, mais c'est aussi avoir conscience de ses valeurs et de ses ressources pour exister autrement qu'à travers ce que l'on fait, ce que l'on a ou à travers le regard des autres. Plus précisement, le passage de la normalité sexuelle à l'anormalité sexuelle dépend moins de ce qui se fait de normal ou d'anormal dans une relation sexuelle et/ou affective (technique sexuelle, devoir et obligation conjugaux) que de l'intentionnalité des actes et des comportements mis en place au cours de la relation sexuelle et affective (choix du conjoint, distribution des rôles et des pouvoirs, attente de changements chez l'autre…).

Les risques de la dépendance

Deux peurs fondamentales sous-tendent les comportements humains, je veux parler de la peur de la folie et la peur de la mort. Ces deux peurs expliquent nos réactions face aux situations qui nous confrontent à l'inconnu, la nouveauté, l'absence, au manque. Nous pouvons réagir par la soumission (soumission au conjoint par peur de la séparation, obligation du rapport sexuel par devoir), l'évitement et la fuite (rejet de l'autre pour éviter toute relation sexuelle), la répétition (choix du même type de partenaire, obsession de la conduite d'échec face au résultat). Nous pouvons aussi, ce qui n'est parfois pas plus risqué, accepter de nous confronter à ce qui fait peur, même si les conséquences du face-à-face ne sont pas prévisibles.

De fait, dans le domaine qui nous occupera au premier chef dans ce livre, c'est toujours prendre un risque que d'entamer une relation sexuelle ou une relation amoureuse.

Et le risque sera d'autant plus grand que je m'enferme dans des normes étroites, reposant sur des croyances aussi irrationnelles que restrictives (« tous les hommes font ça, donc je le fais… », « toutes les femmes aiment ça, donc ma femme doit aimer… »). Il est évident que si mes croyances sont dichotomiques, se référant à la loi du tout ou rien, je n'aurai qu'une seule manière d'être satisfait. Par exemple, si je crois que, pour être normal, un homme doit contenter tous ses besoins, sinon il n'est rien, le risque de dépendance et de souffrance que je prends, dans le cas où ma croyance est mise en échec, est forcément grand. *A contrario*, si ma croyance est ouverte et relative – « un homme normal est un homme qui satisfait ses besoins en fonction des circonstances de temps, de lieu, du désir des personnes rencontrées » – j'aurai toujours la possibilité de dépasser un échec éventuel.

Cela étant dit, en la matière, tous les risques ne se valent pas. Le risque qui rend possible la nouveauté, la découverte, la quête de l'épanouissement n'est évidemment pas le même que celui qui conduit à s'enfermer dans la répétition de certains actes ou à faire monter les enchères toujours plus haut, toujours plus loin, jusqu'à se perdre. C'est ce besoin quasi toxicomaniaque d'augmenter « la dose » pour éprouver des sensations fortes, jouer avec le danger et parfois la mort, qui envahit la personne au point de ne plus contrôler les risques pris. Ces conduites de risque se retrouvent dans les compulsions sexuelles, les sports dangereux, la conduite automobile rapide, les tentatives de suicide répétées, les toxicomanies, la roulette russe, les conduites sexuelles non protégées avec des personnes contaminées. En dehors de ces types de conduite dont nous reparlerons plus loin, prendre des risques peut s'avérer positif. Cela donne l'autorisation « d'essayer » sa vie sans certitude ni objection de principe. Cela donne le droit d'expérimenter (ce qui ne veut pas dire faire n'importe quoi), cela permet d'apprendre à aller au-delà de son cocon sécuritaire. La vie n'étant faite que d'expériences à vivre, on pourrait même dire, de manière paradoxale, qu'oser prendre des risques, c'est éviter le risque de mort lente. Répéter toujours les mêmes actes, jouer des rôles immuables, refaire un peu plus des mêmes choses, alors qu'elles mènent à l'échec ou à l'endormissement routinier, c'est fragiliser considérablement l'équilibre de sa personne, de son couple, de sa vie.

Pour chacun d'entre nous, il s'agit de vivre et de faire des essais en acceptant nos manques de cohérence réguliers (vouloir être autonome, mais ne pas supporter l'autonomie de l'autre), nos questionnements (va-t-elle m'aimer encore si je ne la vois pas ce soir ?), nos peurs (de l'inconnu, de ne pas faire le bon choix, de l'échec), nos déceptions, nos fragilités (je ne suis pas à la hauteur tous les jours). C'est tout cela prendre des risques et autant dire qu'il faut beaucoup de respect de soi et des autres. Cela ne signifie pas faire n'importe quelle expérience avec n'importe qui, sous prétexte d'essayer et de tester ce qu'on ne connaît pas (on ne résout pas les problèmes en allant voir ailleurs). Non, c'est exister en acceptant, par exemple, une sexualité qui va au-delà de la performance et de l'efficacité, qui est un vrai partage d'émotions et de sentiments.

La dépendance jusqu'à s'en rendre malade

Il y a une différence entre « j'en ai besoin pour vivre, pour être heureux, mais je peux, s'il le faut, m'en passer, je ferai autre chose à la place » et « cela me manque, je ne sais rien faire sans, c'est indispensable à ma survie ». Cela étant dit, à partir de quel niveau de dépendance peut-on parler d'anomalie ? Être accro à son travail, à son conjoint, à son enfant, à ses loisirs, ses plaisirs, pourquoi pas, si on est capable d'avoir, à côté, une vie enrichissante, de se débrouiller avec ses fragilités, de s'ouvrir aux autres. En revanche, si ma vie se passe dans un enfermement quasi total, avec des systèmes de dépendances permanentes, jamais épuisées, des besoins boulimiques et répétés de remplissage du quotidien, une fuite systématique face au vide, alors là, oui, il y a bel et bien danger de tomber dans la pathologie. Dans un tel cas, une dépendance sera obligatoirement remplacée par une autre – le travail, sinon le sport, sinon le sexe, sinon le bricolage, sinon les amis, sinon l'informatique, sinon... souffrir ! Nous basculons là dans un mode de vie compulsif, addictif, qui s'accompagne souvent de dépendances artificielles à la cigarette, la nourriture, les médicaments, l'alcool... Combien d'entre nous sont incapables de supporter le silence, le vide, l'ennui, l'inconnu, le laisser-aller ? Chez combien d'entre nous, le sentiment d'insécurité et l'angoisse que ces expériences font naître amènent à rechercher un apaisement immédiat en remplissant son corps, sa tête et son environnement ?

Selon les cas, le passage du normal au pathologique peut être brutal, à l'occasion d'un événement de vie surgissant de n'importe où ; parfois, au contraire, il se fait de manière imperceptible, la dépendance ne devient que lentement envahissante, il faut du temps pour qu'elle infiltre le quotidien et conduise à des rituels d'obligations (compulsions de répétition), des besoins exclusifs (comportements sexuels uniquement en solitaire, sexualité excessive et irrespectueuse du partenaire), des folies ordinaires (passion dévorante, jalousie obsédante, plaisirs boulimiques de la table, alcoolisme). Quel que soit le mode d'entrée, chez tous les dépendants, l'addiction est perçue comme un mal nécessaire pour vivre ou survivre, pour se calmer, exister, s'intégrer au monde, faire comme les autres. On remplace ainsi le qualitatif par du quantitatif : « Je ne me sens bien que si j'ai ma dose, son absence me fait couler, je ne peux vivre qu'au travers de mes drogues... Je me sens complètement rassuré comme attaché, s'il pouvait avoir mille bras, cela ne me suffirait pas encore, il faudrait que je l'avale pour l'avoir en moi. Tout mon temps, toute ma maison sont remplis par la vie de l'autre... »

C'est la cigarette dont on augmente la dose pour se calmer, le sport dont on attend des performances de plus en plus excessives pour exciter l'organisme, la nourriture utilisée davantage pour calmer l'ennui que pour le plaisir convivial des sens, la relation sexuelle servant plus à se défouler qu'à communiquer avec l'autre, les médicaments avec lesquels on recherche de manière impulsive l'apaisement ou la stimulation. Le risque de maladie est là, dans le besoin excessif d'éprouver des sensations de plus en plus fortes (les sports extrêmes), de pousser les limites au-delà des limites (les addictions alimentaires, l'alcoolisme, le sexe), d'éviter toute tension anxieuse (les relations de dépendance affective). À l'arrivée, ce qui s'est installé, c'est une vie de dépendant, d'accro, avec des comportements rigidifiés qui appauvrissent la liberté et l'autonomie. On comprend mieux la très grande fréquence des réactions dépressives lors de la prise de conscience du caractère excessif, pathologique, aliénant de la dépendance et de ses conséquences sur son environnement. C'est seulement par la compréhension des liens qui unissent à son objet de dépendance et par l'exploration du monde extérieur qui fait si peur qu'on peut apprendre à nager un jour sans bouée.

CHAPITRE 2

L'amour : histoire d'un conditionnement

Anthony De Mello, dans une de ses *Minutes de Sagesse,* nous livre ceci : les disciples sont engagés dans une discussion très passionnée sur les causes de la souffrance humaine. Certains disent qu'elle est due à notre égoïsme, d'autres à nos illusions, d'autres à notre incapacité de distinguer le réel du non-réel. Lorsqu'on lui demande ce qu'il en pense, le Maître répond : « Si l'être humain souffre, c'est qu'il est incapable de rester tranquillement assis, seul[1]. » Sans doute tout cela est-il vrai, encore faut-il tenter de préciser l'origine de ces dysfonctionnements susceptibles d'altérer nos relations avec les autres et de nous rendre malheureux. Or, parmi toutes les sources possibles, figure, en premier lieu, bien évidemment, l'influence des modèles relationnels hérités de notre enfance. Existe-t-il un lien direct entre le type de lien affectif qui existait entre nos parents, le type de lien affectif qui nous unissait, enfant, à nos parents et, d'autre part, notre façon de gérer, plus tard, notre vie affective, en particulier nos relations amoureuses ou sexuelles ? Et si tel est le cas, sommes-nous dans la reproduction objective pure et simple ou bien dans le domaine de la représentation et du fantasme à partir de ce que nos parents nous donnaient à voir ?

De la dépendance de l'enfant à la dépendance de l'adulte

Trois grands types d'attachement chez un enfant confronté au départ, puis au retour d'un de ses parents, ont été décrits dans la littérature scientifique (travaux de M. Ainsworth)[2]. Il y a :

1. ***L'enfant « anxieux évitant »*** qui semble peu perturbé par la situation ; il donne l'impression de ne pas être affecté par le départ, l'absence et le retour de son parent ; il ne semble pas avoir besoin de réassurance, donne une image d'autonomie, explorant son environnement sans utiliser son parent comme « base sécurisante » ; il peut se montrer facile de contact avec une personne non familière.

2. ***L'enfant « sécurisé »***, qui proteste lors de la séparation et accueille le retour de son parent avec une expression de soulagement, assortie d'une quête de rapprochement physique. Ce contact lui permet ensuite de repartir poursuivre ses explorations ; c'est l'expression typique d'une base sécurisante.

3. ***L'enfant « anxieux résistant » (ou « ambivalent »)***, qui se montre perturbé par la situation ; anxieux lors de la séparation, il va chercher du réconfort au moment du retour, mais d'une façon ambivalente : il peut chercher le contact et même s'accrocher au parent, mais pour s'en défaire immédiatement après dans un mouvement de colère ; il résiste alors au fait d'être consolé. Son attitude est encore dépendante.

Ces trois types d'attachement gagnent à être comparés aux catégories utilisées pour caractériser la vision qu'ont les adultes de leur lien d'attachement travaux de M. Main)[3]. On constate, en effet, qu'ils se correspondent point par point :

1. ***L'état d'esprit « détaché »***, qui reprend le type de l'enfant anxieux évitant, caractérise les adultes qui se montrent indifférents, désengagés affectivement. Ces personnes se présentent comme indépendantes ; elles semblent n'avoir qu'un accès limité à leurs souvenirs tout en faisant un portrait « normalisé » – voire idéalisé – de leurs parents ; elles peuvent se dire tournées vers l'avenir et non pas vers le passé ou bien dénigrer les relations familiales ; elles se présentent comme ayant confiance en elles, mais pas en les autres, dont elles se méfient.

2. ***L'état d'esprit « autonome »***, qui reprend le type de l'enfant sécurisé, caractérise les adultes qui se souviennent assez facilement de leurs premières relations, que celles-ci aient été positives ou non. Ces personnes accèdent aisément à leurs souvenirs et à leurs émotions d'enfance ; elles perçoivent ces expériences, même lorsqu'elles ont une coloration négative, comme des expériences significatives ; elles valorisent généralement les relations d'attachement ; elles se présentent comme ayant confiance en elles et dans les autres.

3. ***L'état d'esprit « préoccupé »***, qui reprend le type de l'enfant anxieux résistant, caractérise des adultes plutôt confus, qui restituent une image incohérente de leurs expériences relationnelles d'enfant. Il arrive qu'ils ne parviennent pas à contenir une colère encore très vive à l'égard de leurs parents, parfois dans un climat d'ambivalence qui dénote une dépendance relationnelle. Fréquemment, ces personnes perdent le fil de leur discours, divaguent, n'écoutent

pas les questions ou ne laissent pas le temps à leur interlocuteur de les poser. Elles se présentent comme manquant de confiance en elles-mêmes[4].

La mise en évidence de corrélations entre les liens parents/enfant et les liens d'attachement adulte a ceci d'intéressant qu'elle permet une meilleure compréhension des choix amoureux et des systèmes de dépendance qui s'y associent. En particulier, l'établissement de couples dépendants, où l'autre sert d'« objet accro », est fortement conditionné par le type de relations parents/enfant et les modèles relationnels façonnés dans l'enfance à partir de ses expériences affectives.

Les conditions d'un choix plus mature

Pour nombre de spécialistes, l'éventail de choix possibles se restreint avec le temps. J'ai remarqué dans mes consultations que, très souvent, le choix du second conjoint n'est que très peu différent du premier : il est en fait soit du même type (symétrique), soit complètement opposé (complémentaire), ce qui est plus ou moins la même chose… Ce second choix ressemblera d'autant plus au premier, même dans sa caricature inverse, que le temps écoulé entre la fin de la première expérience conjugale et le début de la suivante est court – pour certains, il est carrément inexistant. Il est donc préférable de bien comprendre quel type de choix explique notre premier couple, en rapport avec nos modèles passés, avant de se lancer dans la construction d'un autre système conjugal…

Les modèles familiaux

Les spécialistes qui s'occupent de conduites addictives s'intéressent de plus en plus aux critères de choix de l'objet de dépendance. Quels sont les facteurs qui vont faire qu'une personne addictive va utiliser l'alcool plutôt que le sexe, la dépendance affective plutôt que la boulimie alimentaire ? Certes, ce choix peut être dû au hasard de la rencontre avec tel ou tel objet addictif, il peut aussi résulter d'un conditionnement tardif, d'habitudes de vie apprises par exemple dans l'adolescence, mais beaucoup plus souvent, le choix de l'objet renvoie à des fonctionnements intégrés très tôt par l'enfant et liés à la vie familiale. Le choix du type d'objet addictif pourra être très précoce, peut-être pas sous sa forme adulte, élaborée, ni sous sa forme active, mais sous une forme intériorisée, « primaire » en attente de... C'est ce qu'on nomme les « modèles internes opérants ».

Il faut savoir que, dès l'âge de 3-4 mois, les nourrissons intériorisent des modèles de relations tirés de leurs expériences avec leur entourage familial. Ils retiennent l'effet qu'ils produisent sur les autres en émettant des signaux d'attachement et, plus globalement, les séquences d'interactions qu'ils ont avec leurs proches[5]. Ces modèles relationnels que l'enfant mémorise dans son corps, dans ses pensées et dans ses comportements, tendent à s'auto-entretenir et sont de moins en moins influencés par l'entourage au fil des années. Il existe donc une tendance naturelle à répéter les anciens modèles d'interactions et à s'entourer de gens qui apportent une caution à ceux-ci. Nombreux sont ceux qui préfèrent s'accrocher à d'anciens modèles relationnels, même douloureux, plutôt que d'expérimenter un nouveau mode d'existence toujours risqué. Il faudra souvent plusieurs expériences relationnelles négatives ou un important travail d'élaboration psychique pour se rendre compte de la nécessité de se construire un nouveau mode de fonctionnement.

Dans l'enfance, deux grands modèles relationnels s'imposent :

- ***Le modèle de relation du couple parental***. L'enfant se réfère à ce qu'il voit, ce qu'il perçoit, ce qu'il ressent du couple de ses parents : comment ils se parlent, comment ils expriment leurs sentiments, comment ils communiquent avec leur corps. Il s'en fait une représentation mentale qui lui sert de base pour construire ses croyances sur ce qu'est le lien conjugal, les rapports affectifs, les stratégies relationnelles, les relations de pouvoir et de soumission. Il se façonne ainsi un modèle de lien et d'attachement à l'autre.
- ***Le modèle de relation père/enfant ou mère/enfant***. L'enfant se réfère à ce qu'il voit, perçoit, ressent de ce que son père ou sa mère lui donne. Il en tire des conclusions en termes de plaisir, d'apaisement, d'excitation, de déception, de frustration, de colère, de culpabilité. À partir de ces conclusions, il bâtit un modèle soit réaliste (ce qu'il a réellement vécu), soit idéalisé (ce qu'il aurait aimé vivre), qui le conduira à rechercher, plus tard, les relations affectives qui se rapprochent le plus de ses références passées, que celles-ci soient positives ou négatives.

Un enfant soumis, par exemple, à des discours ambivalents (pas très clairs), des affects insécurisants (pas très rassurants), des conduites défensives (pas très propices à l'autonomie), des situations anxiogènes (pas très apaisantes) va ainsi se façonner et intérioriser des schémas de pensée (croyances), des modèles émotionnels (ressentis) et des systèmes comportementaux (images) qui vont l'amener tout au long de son existence à répéter ce fonctionnement ambivalent, insécurisant, défensif, anxiogène qu'il a connu dans l'enfance.

Il semble qu'il soit tout à fait possible de garder, adulte, le style d'attachement que nous avons perçu dans notre enfance tant dans l'amour que se portaient nos parents que dans l'amour que nos parents nous portaient, un peu comme si ce style était inscrit définitivement dans notre mémoire[6]. Cela ne veut évidemment pas dire que des événements de vie, des facteurs environnementaux et des contingences diverses, comme l'attirance sexuelle, ne peuvent modifier le style du choix affectif (amitié, amour), mais, malgré tout, les études semblent bel et bien indiquer une relative permanence des systèmes de relations, surtout si l'environnement favorise le maintien d'un style spécifique de relation.

Les croyances, ou la naissance des confusions

Pris dans le « bain bouillonnant » de l'enfance, dans les scènes de la vie conjugale et de la vie parentale, un petit tente de surnager dès son plus jeune âge ; il intègre tout ce qu'il peut et se dote de représentations de l'homme, de la femme, de l'amour, du sexe (pour plus tard), mélangeant le réel et l'imaginaire, la raison et l'idéal, le corps et l'esprit. Il se bâtit ainsi des croyances, c'est-à-dire des certitudes personnelles, subjectives, apprises tout au long de ses expériences. Une fois adulte, ces croyances continuent de l'accompagner, elles lui paraissent justes et fondées, car elles correspondent et confirment les modèles dans lesquels il a évolué dans son enfance. Et cela reste vrai même si ses croyances de base lui font du mal.

Prenons un jeune homme habitué pendant toute son enfance à entendre des propos négatifs sur lui-même (« tu n'y arriveras pas, tu es nul, tu ne pourras jamais t'en sortir, et puis tu es moche ; d'ailleurs, tu n'étais pas désiré »). Il croira dur comme fer que c'est la réalité, façonné qu'il est par des années de conditionnement. Il lui sera impossible d'imaginer le contraire. Affectivement, il est très probable qu'il choisisse soit une partenaire du même style (les fragiles rencontrent des fragiles) soit une partenaire de style complémentaire (les fragiles rencontrent des sécurisants). Le même problème se posera pour la jeune femme victime d'abus sexuels dans son enfance et dont les proches ont toujours estimé qu'elle l'avait bien cherché. L'idée qu'elle se fera d'elle-même sera d'être quelqu'un de sale (et non d'avoir été salie). Elle ne pourra se voir que comme une « femme légère et facile », puisqu'on l'a convaincue qu'elle s'était soumise sans combattre. Affectivement, elle choisira plus tard soit un homme qui la confirme dans sa croyance négative d'elle-même, en fait « un salaud », soit une sorte de « papa sécurisant », l'opposé de ce qu'elle a connu, mais un papa sécurisant n'est peut-être pas vraiment l'homme qu'il faut pour faire un couple. Certes, toutes nos croyances ne sont pas aussi étouffantes et douloureuses, certaines sont heureusement constructives et épanouissantes, mais, fabriquées à partir de nos histoires personnelles, elles se retrouveront toujours au cœur de nos choix affectifs et sexuels.

Les différents liens affectifs

L'attachement est présent dans tout lien affectif fondé sur une recherche de sécurité physique et psychique, de stabilité et d'apaisement en présence de l'autre. Il en demeure l'une des composantes majeures tout au long de la vie et se retrouve, bien évidemment, dans la relation amoureuse, aux côtés de deux autres composantes tout aussi essentielles : le soin et la sexualité, intervenant dans des proportions variables suivant les couples et les histoires[7].

- ***L'attachement*** apporte la sécurité, intérieure et extérieure. Subtil mélange de protection et de défense, il constituerait la base nécessaire pour aller explorer le monde (à la différence de la dépendance) ; c'est ce que j'appelle un paramètre personnel spécifique.
- ***Les comportements de soin*** sont caractérisés par le désir de donner de l'attention et de procurer du bien-être à l'autre. Certaines personnes protègent, rassurent, aident, « maternent » ou « paternent » ; d'autres aiment être aidées et prises en charge ; c'est ce que j'appelle un paramètre relationnel spécifique. On trouve des couples qui se construisent principalement autour de la notion de soin, avec des « plaies à soigner » d'un côté et un « soignant » de l'autre.
- ***La sexualité***, dans sa composante biologique et, notamment, hormonale, intervient comme facilitatrice ou inhibitrice de l'attirance sexuelle, mais aussi de l'attachement et du soin. Même si ce paramètre biologique spécifique ne suffit pas à créer une relation affective de longue durée, il peut intervenir comme un des premiers facteurs sélectifs.

La chimie de l'amour

– **L'ocytocine** est une hormone produite au cours de la création du lien effectif, mais aussi au cours des rapports sexuels, lors de l'accouchement et de l'allaitement. Elle est considérée, au même titre que la dopamine, comme l'hormone de la confiance en soi, du bien-être, de l'attachement et du soin.

– **Les phéromones**, particules volatiles provenant notamment de glandes situées sous les aisselles et autour des organes génitaux, agissent non sur celui qui les sécrète, mais sur l'entourage ; ils interviennent dans l'attirance, les comportements sexuels, la reproduction et les liens sociaux.

– **La phényléthylamine**, ou PEA, est une hormone dérivée de la famille des amphétamines. Elle joue un rôle certain dans le lien de dépendance, comme l'adrénaline (hormone du stress généré par le contact ou le manque de l'autre), la dopamine (hormone du plaisir) ou la sérotonine (hormone de l'apaisement et de la régulation de l'humeur). Ces composantes – plaisir, manque et apaisement – se retrouvent dans la mise en place d'une relation amoureuse.

Si toute histoire d'amour résulte du subtil mélange, variable et changeant, de ces trois composantes, pour certains couples, l'attirance sexuelle sera peut-être le facteur primordial dans la construction du lien, mais elle ne suffira pas pour le faire durer. Avec le temps, il est probable que celui-ci sera en partie supplanté par l'attachement (facteur de sécurité) et par le soin (facteur de don de soi pour l'autre). D'autres couples construiront d'emblée leur contrat de base sur la recherche prioritaire d'un lien d'attachement ou de soin en fonction du profil des deux personnes concernées. En effet, l'analyse doit encore être affinée et faire intervenir, pour chacune des composantes, les caractéristiques individuelles propres aux deux partenaires. On l'a vu, le comportement d'attachement donne lieu à trois types distincts : le secure, l'anxieux résistant ou l'anxieux évitant, tout comme le comportement de soin qui se décline en trois versions : soignant, soigné ou bien un mixte soignant/soigné en fonction des domaines. Quant au comportement sexuel, dans sa composante biologique, il débouche sur deux figures majeures : la personne « facilitante » et la personne « inhibante ».

On peut donc imaginer toutes les combinaisons possibles, certaines étant plus « viables » que d'autres. S'il est vrai que les rapports interpersonnels dans un couple sont de deux ordres, symétrique ou complémentaire[8], on assistera, dans le cas où chaque partenaire entend être l'égal de l'autre ou, plus précisément, ne pas représenter « moins » que l'autre, à une escalade symétrique impliquant le choix d'un *alter ego* : sur le plan de l'attachement, le secure ira donc avec le secure, l'évitant avec l'évitant, l'ambivalent avec l'ambivalent ; en revanche, dans un rapport complémentaire, établi sur des différences entre partenaires, celui en position haute dirige, conseille, critique, tandis que celui en position basse, demande et obéit. On aboutira vraisemblablement, toujours en termes d'attachement, à des unions de type secure/ambivalent, secure/évitant ou ambivalent/évitant.

Recherche partenaire désespérément…

Existe-t-il un lien entre les modèles d'attachement de l'enfance et le choix de son conjoint ? Il semble que oui si on en croit nombre de chercheurs qui ont défini trois grands types de choix :

1. On recherche un conjoint qui ressemble à l'un de ses parents, et on est dans le choix mimétique du parent.

2. On choisit un partenaire avec qui on construit une relation identique à celle que ses propres parents avaient entre eux ou, du moins, à la représentation qu'on s'en est faite enfant : on est dans le choix mimétique de la relation parentale.

3. On choisit un partenaire qui ne déstabilise pas son équilibre psychique, quel qu'il soit, voire qui renforce ses protections personnelles, quelqu'un de semblable à soi en somme, et on est dans un choix mimétique de soi-même.

Ces choix peuvent s'effectuer soit dans un même sens (la même chose que les parents), soit dans un sens contraire (le système opposé à celui des parents), soit enfin dans un sens mixte (pour certains rôles, le couple fonctionne comme les parents et pour d'autres rôles, le couple fonctionne de manière opposée aux parents).

Certaines associations semblent plus favorables que d'autres au maintien du couple – plus favorables ne voulant pas dire plus heureuses, mais indiquant le caractère « stabilisant » du système relationnel, qui durera aussi longtemps que personne ne le remet réellement en question. Un système en apparence anormal, voire pathologique, peut ainsi être tout à fait équilibré : deux partenaires très fragiles séparément sont capables de créer un couple stable si chacun apporte à l'autre la « dose » de soins nécessaire, au moins pendant un certain temps. Des liens paradoxaux – un calme avec un excité, un dominant avec un dominé, un silencieux avec un causant – peuvent s'expliquer de la même façon pour un emboîtement affectif satisfaisant, chacun trouvant en l'autre ce qu'il n'a pas chez lui (et qu'il aimerait avoir un peu, tout en disant le contraire).

On sait qu'il est plus difficile de changer son rapport à l'autre que de maintenir un système appris depuis l'enfance, même s'il nous fait souffrir. Ainsi une personne insécurisée qui a toujours vécu dans la quête de reconnaissance et d'amour et qui a utilisé depuis l'enfance des stratégies pour « s'en sortir » trouvera dans l'insécurité une forme de normalité puisque cela correspond au modèle dans lequel elle a vécu durant toute son enfance. Être en sécurité sera, au contraire, insécurisant pour elle, car le développement de ses stratégies de survie en devient inutile. C'est le manque qui donne vie à ces personnes tout en les faisant souffrir. Cela me rappelle ces enfants martyrisés qui, devenus adulte, « choisissent » des partenaires violents et rejetants dont ils ont du mal à se détacher, toute caresse étant vécue comme douloureuse et toute claque comme une norme acceptable et non douloureuse.

Prenons maintenant les personnes de type détaché. Compte tenu de leur mode de fonctionnement, on peut s'attendre à ce qu'elles cherchent à être confortées dans leurs stratégies évitantes. Cela leur sera d'autant plus facile que leur partenaire a lui aussi besoin d'isolement ou que, au contraire, son attitude envahissante justifie le repli.

Si tout le monde se lie ainsi à l'autre du mieux qu'il peut, chacun doit comprendre que les combinaisons sont assez réduites et peu propices à d'importantes prises de risque, même si les partenaires sont changés. Dans certains cas, toutefois, cet attachement adulte, qui est à la base de toute relation amoureuse, prend la forme d'une vraie dépendance affective et parfois sexuelle. C'est ce que nous allons voir maintenant.

Moi, mes parents, mon couple

(D'après B. Pierrehumbert et R. Miljkovitch, 2001 et 2003)

	Anxieux évitant	Sécurisé	Anxieux résistant (ambivalent)
Enfant	Semble ne pas être affecté par le départ de ses parents et ne pas avoir besoin de réconfort.	Proteste au départ des parents.	Anxieux, agité lors de la séparation et au moment du retour.
Enfant	Impression d'indépendance. Ignore le parent à son retour.	Soulagé au retour, besoin de proximité, puis repart explorer, le parent devenant une base sécurisante.	Recherche le réconfort, mais se dégage avec colère. Dépendant, mais résiste à la consolation, ou bien détresse et sentiment d'être abandonné.
Adulte	**État d'esprit détaché**	**État d'esprit autonome**	**État d'esprit préoccupé**
Adulte	Semble indifférent aux expériences relationnelles.	Accepte le passé, positif ou négatif.	Confus sur son passé, toujours en colère contre ses parents. Dépendance relationnelle qui dénote une ambivalence.
Adulte	Confiance en soi mais pas dans les autres.	Confiance en soi et dans les autres.	Manque de confiance en soi.

	Anxieux évitant (détaché)	Sécurisé (autonome)	Anxieux résistant (préoccupé)
Partenaire	Pas de facilité à être proche des autres. Peu de confiance dans les autres. Pas à l'aise quand on se rapproche trop de lui. L'autre veut plus d'intimité.	Facilité à être proche des autres. Pas gêné par le fait de dépendre des autres ou que les autres dépendent de lui. N'a pas l'impression d'être abandonné.	Peur de ne pas être assez aimé. Veut une union totale. Les autres n'ont pas forcément envie d'être aussi proches.

CHAPITRE 3

Dépendance, addiction, compulsion : faute de mieux ?

Nous avons tous vécu au cours de notre existence des histoires de plaisir et de souffrance, d'excitation et de douleur. Chacune de ces expériences a marqué notre histoire de façon spécifique, chacune a été unique dans le temps et dans l'espace, mais à un moment ou un autre, à l'occasion de telle ou telle expérience, et de manière plus ou moins intense, nous avons éprouvé le manque, le vide et l'absence. Qu'avons-nous fait pour nous en sortir ? Quelles solutions avons-nous trouvé pour nous réparer ?

Histoires de souffrances et de plaisirs (*Requiem for a Dream*)

Certains ont choisi d'éviter, à l'avenir, toute situation à risque, ils sont rentrés dans le rang, dans une vie encadrée, avec respect des interdits, maîtrise de soi et de l'environnement : c'est déjà une forme de dépendance à l'évitement – nous l'avons peut-être tous fait transitoirement – mais certains s'y habituent trop. D'autres ont appris à se sécuriser par une adaptation permanente, qui demande, malgré tout, la présence de bouées, pour explorer l'environnement. Mais attention, la bouée peut devenir nocive à moyen ou long terme si nous ne la lâchons pas de temps à autre. D'autres encore ont voulu tester les limites et les normes pour mieux se rendre compte de leur capacité de survie : ils ont été confrontés à la loi, aux limites, qu'elles soient morales, personnelles ou légales, dans une mise à l'épreuve constante d'eux-mêmes et d'autrui pour se sentir exister. D'autres, enfin, se sont rabattus sur des amarrages artificiels, le repli sur soi ne suffisant pas et la sécurité n'existant pas. Depuis, ils utilisent des « bouées à usage unique » ; tout est bon pour tenir : la maladie, le conjoint, les enfants… ; ils s'accrochent à des objets, des personnes, des pensées. Cela, nous l'avons tous fait, pendant un temps, parfois pendant un peu plus longtemps, mais eux, ils s'y accrochent pour survivre, ils sont envahis par le besoin impérieux de répéter les mêmes actes, ils sont pris dans un cycle infernal de non-contrôle, incapables de supporter le manque si, d'aventure, le passage à l'acte devenait impossible, enfermés dans un mode d'existence aliénant : ils sont comme « drogués ». Leur dépendance est quasi totale, elle est brutale (compulsive) ou insidieuse (addictive).

À un moment donné, quand leur souffrance va s'exprimer, leur demande sera de pouvoir se débarrasser de ces accrochages quotidiens, mais se libérer de la dépendance nécessite la prise de conscience du problème et l'apprentissage de l'autonomie : il faut créer des alternatives aux comportements dans lesquels on est enfermé. Ce processus dit d'individuation ne se fait pas sans angoisse et sans stress (d'où la fréquence élevée des rechutes) face à la peur du changement, aux risques liés aux nouvelles responsabilités, à l'apprentissage d'un autre mode de relation à autrui.

La dépendance comme manière d'être au monde

La dépendance est une manière d'être au monde, l'addiction en est l'expression comportementale, la compulsion de répétition en est le moteur. Ces trois mots ne sont pas systématiquement superposables. On peut avoir une personnalité dépendante et ne jamais passer à l'acte par des conduites addictives : l'adaptation, la souplesse de sa personnalité permettent de fonctionner dans le quotidien sans s'enfermer dans une addiction. Il suffit pour cela de « jouer » avec quelques amarrages additionnés (un peu dépendant au travail mais sans plus ; un peu dépendant de son épouse, mais sans plus ; un peu d'évitement, mais sans plus ; un peu de rituels compulsifs, mais sans plus : et voilà, le tour est joué). Il est aussi possible d'avoir des conduites addictives et des compulsions de répétition sans avoir une personnalité dépendante. Différents types de personnalités utilisent les addictions comme « bouées de sauvetage » : les personnalités évitantes, les personnalités narcissiques, les personnalités obsessionnelles, les personnalités anxieuses, les personnalités paranoïaques, les personnalités passives-agressives, les personnalités dépressives…

C'est la dépendance comme mode d'existence qui amène, dans certaines circonstances, des comportements à devenir des addictions. Deux caractéristiques essentielles s'y combinent : l'une est la relation, active, contraignante entre soi et l'objet de dépendance, nécessaire au maintien du système ; l'autre est une relation passive de soumission, d'appartenance, de subordination, de sujétion. Ces deux composantes ont à voir avec la notion d'enchaînement, de liaison, de solidarité, dont la dérive principale est la satisfaction d'un besoin. Dans la relation de dépendance, il y a toujours une recherche de réassurance, une quête affective, avec mise en place d'un contrôle de soi et de l'autre, la séduction, l'envie de faire plaisir et d'être regardé étant utilisées pour attacher l'autre à soi. Le système relationnel est quantitatif plus que qualitatif (« il faut remplir »).

La peur de faire de la peine, la peur du rejet, de l'abandon fait souffrir les dépendants dans leur corps. Ils « ravalent », ressassent. Leurs attentes déçues s'impriment dans leur chair tant est parfois difficile l'expression extériorisée de leur malaise. Il faut se rappeler que la dépendance nécessite toujours la mise en place d'un système entre, au minimum, deux éléments : deux personnes, une personne et un objet, une personne et une pensée, une personne et une partie du corps… L'autre, l'objet, peut posséder un tel pouvoir qu'on lui confie sa liberté et qu'on en vient à fonder sa propre existence sur sa présence[1]. Il est tout à fait possible de rencontrer des personnes qui ont construit leur vie quotidienne autour d'une manière d'être et de penser dépendante.

Cette manière d'être présentera alors les particularités suivantes[2] :

– ***Besoin d'être rassuré et soutenu par les autres :***
Est réticent à prendre des décisions sans réassurance.
Laisse souvent les autres prendre les décisions importantes pour lui.
A du mal à initier des projets, suit plutôt le mouvement.
N'aime pas se retrouver seul ou faire des choses seul.

– ***Crainte de la perte de lien :***
Dit toujours oui pour ne pas déplaire.
Est très touché et anxieux si on le critique ou on le désapprouve.
Accepte les besognes peu gratifiantes pour se rendre agréable aux autres.
Est très perturbé par les ruptures.

L'addiction comme manière de vivre la dépendance

Il y a plusieurs manières pour une personne dépendante de survivre aux situations à risque ; l'addiction en est une, mais il y a aussi la dépression, l'anxiété sous toutes ses formes (phobie, TOC…), l'évitement social, l'isolement affectif, le surinvestissement d'un secteur valorisant, la maladie psychosomatique, ou la recherche de sensations fortes… Parmi ces différentes stratégies de survie, l'addiction se distingue par le fait qu'elle constitue une pseudo-adaptation par le besoin. Attardons-nous quelques instants sur ce terme pour mieux comprendre les modes de fonctionnement des personnes dépendantes qui, je le souligne une fois encore, n'ont pas nécessairement une personnalité dépendante.

L'addiction est un vieux terme français provenant du latin ; il désigne à l'origine la contrainte par corps de celui qui, ne pouvant s'acquitter d'une dette, était mis à disposition du plaignant. Les addictions sont des troubles qui se caractérisent par la répétition d'actes susceptibles de provoquer du plaisir, mais marqués par la dépendance à l'objet ou à la situation et consommés avec « avidité ». Parmi les addictions, on a coutume de classer les toxicomanies graves, l'alcoolisme avec dépendance, la boulimie, le jeu pathologique, certaines tentatives de suicide répétées, certaines conduites de risque, les achats compulsifs, la sexualité compulsive, l'excès de dépense physique ou l'excès de travail... Pour qu'il y ait addiction, il faut qu'il y ait à la fois impulsion (ou compulsion s'il y a lutte), consommation avide (passionnelle ?), répétition et dépendance.

Au-delà des effets propres aux substances prises (alcool, drogues...) ou aux situations recherchées (jeu, prise de risque, achats frénétiques, tentatives de suicide...), les addictions induisent, de manière générale, des effets qui pourraient bien expliquer la recherche et la répétition de l'expérience qui provoquera la dépendance. La plupart des études menées sur le sujet montrent en effet que la relation à l'objet addictif peut avoir des vertus sédatives, apaisant la souffrance morale ou la douleur physique ; elle peut aussi procurer des sensations décuplées, majorant les caractéristiques physiques et psychiques de l'excitation ; elle peut, enfin, donner le sentiment de ses propres limites. Pour ma part, j'utiliserai le mot d'addiction comme la traduction comportementale de la dépendance. Ainsi, une dépendance affective se traduira sur le plan comportemental par une addiction au conjoint, au sentiment amoureux et à la quantité de gestes de tendresse...

La compulsion comme moteur de l'addiction

C'est à travers la compulsion que l'on comprend le mieux le mécanisme mis en œuvre par les personnes dépendantes ; celles-ci ne résistent pas à la pulsion d'accomplir des actes et des pensées considérés comme absurdes, illogiques mais auxquel elles ne peuvent résister sans angoisse, d'où un retour répété vers la conduite addictive… Dans la compulsion, ce qui est important, c'est la notion de poussée, de force, de résistance impossible, de contrainte parfois douloureuse, de besoin impérieux, de perte de contrôle et de nécessaire répétition. On retrouvera tous ces éléments dans les systèmes d'accoutumance et les cycles « toxicomaniaques » des compulsifs sexuels et les dépendants affectifs.

La « boucle réflexe » passe systématiquement par différentes phases. Le point de départ peut être une émotion, une situation ou une pensée qui provoque l'apparition d'une tension, d'une excitation. Celle-ci va renforcer certaines images mentales et certains signes émotionnels ne pouvant être apaisés que par le passage à l'acte. Ce passage à l'acte peut être brutal et sans contrôle (on réfléchit après), il peut survenir après une période de lutte pour éviter de tomber dans le piège des conséquences de la dépendance, que l'on connaît à l'avance. Une fois réalisé, le passage à l'acte amène de la culpabilité, des idées dépressives, des conflits de couple ou d'autres dépendances ; en fait, il est accompagné par tout un cortège de troubles qui vont accentuer le malaise et l'évitement affectif, nourrissant un peu plus le passage à l'acte par dépit, anxiété, rejet.

Ce mécanisme compulsif, cette manière de répondre à une situation-problème est le moteur de la répétition, mais le hasard n'existant pas, n'est pas compulsif qui veut. Il faut un fonctionnement précis, des modèles éducatifs particuliers, une manière d'être au monde spécifique et ancrée depuis de nombreuses années. La compulsion ne fait que nourrir cette manière de vivre « accroché » aux autres ou aux objets.

Lutter contre le vide, ou comment survivre en devenant son propre adversaire

Dans une expérience, intitulée « expérience de la falaise visuelle », un bébé est amené à traverser une plaque de verre au-dessus du vide, avec les encouragements de sa mère qui se trouve de l'autre côté. À l'âge de 5 mois, dans la situation de la falaise, on observe que le bébé montre un ralentissement du rythme cardiaque, indicateur d'un éveil, d'une réceptivité à la nouveauté. Le même ralentissement peut d'ailleurs être observé quand le bébé est face à un étranger. En revanche, à 9 mois, le changement est net : le rythme cardiaque du bébé, dans l'une ou l'autre situation, ne baisse plus, il augmente, ce qui témoigne d'une fermeture et d'un évitement de la stimulation[3].

Si la peur est une réaction normale à la nouveauté, son résultat étant le renforcement de la proximité avec la figure procurant une sécurité, l'angoisse de séparation normale est celle qui est liée à la menace d'une rupture de proximité. Ce qui sera pathologique, c'est que l'anxiété subsiste, c'est-à-dire que les comportements d'attachement ne parviennent pas à leur but, la réduction de la peur, pour une raison ou une autre : indisponibilité ou absence de la figure d'attachement, ou encore rejet par la figure d'attachement. Étant donné que des manifestations d'anxiété peuvent être causées par les réponses inattendues ou inadéquates de la figure d'attachement, c'est donc que des expériences passées sécurisantes (permettant l'exploration du monde et la mise en place de relations affectives stables) ou bien anxieuses (conduisant à l'enfermement, à la recherche de protection artificielle) sont bien à la base de la mise en place des relations que nous nouons plus tard avec les autres. Nos choix affectifs n'échappent pas à la règle : ils sont eux aussi fonction des expériences insécurisantes ou sécurisantes de notre passé.

De ce fait, la notion qui résume et sous-tend la plupart des plaintes et des souffrances psychiques est celle d'insécurité. Notre rapport à l'insécurité est constant dans l'existence. Chacun de nous doit, de sa naissance à sa mort, s'y confronter, car l'insécurité fait partie intégrante de notre existence, elle est constitutive de la vie. Chacun de nous doit donc trouver et créer dans son environnement ou en lui-même des mécanismes de défense ou de protection pour ne pas subir l'insupportable et, au pire, disparaître. Parmi les réponses possibles, il y a la fixation sur une personne, et il n'est pas exclu, si l'on croit certains chercheurs, que même les adultes aient besoin de s'attacher à quelqu'un, comme un enfant à un parent, le plus souvent sa mère. Cet attachement adulte ne sera pas pour autant pathologique en soi s'il offre la sécurité permettant, comme pour le tout-petit, d'avancer dans la vie ; il ne deviendra problématique que s'il produit l'enfermement, l'aliénation et, finalement, l'insécurité qu'il était censé combattre. À l'âge adulte, le sentiment d'insécurité, lié à un attachement pathologique, donnera lieu à différentes manifestations affectives : préoccupations concernant l'endroit où se trouve la figure d'attachement, manque de confiance en cette personne, colère et ressentiment à son égard, incapacité à rechercher ou à utiliser son soutien en cas de besoin, absence de sentiments d'amour ou difficulté à s'en séparer[4].

L'insécurité est intrinsèquement liée au vide, au manque, à l'absence, à l'inconnu, au silence, mais aussi à la perte de contrôle, à l'absence de maîtrise, à la mort. De tout cela, nous avons tous plus ou moins peur, nous nous en accommodons plus ou moins. Prenons l'exemple du laisser-aller. Pour certains, il sera connoté de manière négative : se laisser aller, c'est ne plus se lever, être sale, faire n'importe quoi, faire des choses peu recommandables, dégoûtantes. Pour d'autres, se laisser aller, ce sera se relaxer, se détendre, se faire plaisir... La nature des réponses variera en fonction des systèmes de croyances, positives ou négatives, qui entourent l'abandon, ce qui nous ramène au vide constitutif de l'existence.

Face à la peur du vide et au risque de mourir, certaines maladies peuvent, aussi paradoxalement que cela paraisse, représenter un moyen d'expression des tiraillements que nous avons en nous pour survivre, éviter le pire, c'est-à-dire le vide, métaphore de la mort (lâcher prise terminal). Entre le phobique qui évite l'inconnu, l'obsessionnel qui crée des remparts face à l'inconnu ou encore l'addictif qui s'accroche à un objet pour ne pas couler, comment ne pas voir qu'il existe un lien avec notre condition de mortel ?

➤ *Les peurs (ou phobies)*

Les phobies ont en commun la peur de l'insécurité, la peur du vide, la peur de prendre des risques, de perdre le contrôle, de ne plus se maîtriser. L'extérieur fait peur, il est insécurisant et non maîtrisable. Envahi par des scénarios catastrophes, un phobique fuit les situations à risque, par peur des conséquences. Chez lui, l'évitement est la seule réaction spontanée, lucide, lui permettant de faire face à un environnement interprété comme dangereux. Sinon, c'est la noyade assurée, estime-t-il, il ne peut se raccrocher à rien de solide. Il est d'ailleurs fréquent de voir des personnes souffrant d'agoraphobie, c'est-à-dire de la peur des grands espaces et du vide, être obligées de frôler les murs pour marcher ou de se sécuriser en dehors de leur domicile en tenant un objet qui n'a aucun intérêt dans la situation présente, sauf celui de les rassurer (on s'accroche à son propre bras, on se tient à son pli de pantalon). Comme solution, l'évitement du phobique a pour intérêt d'apporter un apaisement à court terme, mais il est inefficace et aggravant sur le long terme, car il renforce la peur de l'objet.

➤ ***Les troubles obsessionnels compulsifs (ou TOC)***

Dans ce trouble anxieux, on retrouve aussi la confrontation au vide. Le TOC est une manière particulière de vivre l'expérience de l'adaptation à la vie. L'envahissement par des idées obsédantes (contamination, superstition, saleté, maladie…) ou des rituels (lavage, vérification…) témoigne d'une tentative, illusoire, pour calmer le malaise produit par l'apparition de telle situation ou de telle pensée. Ici, c'est la répétition, et non plus la fuite et l'évitement comme chez le phobique, qui paraît être la solution la plus facile. La répétition des obsessions et des compulsions a pour but de produire une sorte de blindage sécurisé, jamais suffisant, afin d'éviter l'envahissement extérieur et intérieur. Elle crée une pseudo-sécurité puisque, en répétant, on souligne et sursouligne. Comme si on ne cessait de gonfler une bouée qui ne flotterait jamais assez ou de consolider un rempart qui ne serait jamais assez épais (« c'est mieux que rien, même si je sais que cela ne sera pas apaisant ! »). Ce n'est pas un hasard si la disparition d'un TOC est si difficile, car c'est prendre un risque énorme que de décider de dégonfler sa bouée ou de diminuer l'épaisseur des remparts. Faire disparaître plusieurs heures de rituels ou de pensées obsédantes par jour crée un vide à ce point insupportable que certains peuvent préférer garder leur trouble plutôt que de supporter l'angoisse devant le vide. Vus ainsi, les TOC sont des pseudo-bouées de sauvetage, très utiles quand on a peur du vide et de nager là où on n'a pas pied[5].

➤ *Les phobies d'impulsion*

Les phobies d'impulsion se situent entre les phobies et les troubles obsessionnels. Quelqu'un qui souffre de phobie d'impulsion a une peur obsédante de passer à l'acte et de faire du mal à des êtres chers. Pour ces personnes, il est d'autant plus insupportable d'imaginer cet acte agressif qu'il leur est déjà intolérable de pouvoir le penser. Aucune pensée négative, malsaine, mauvaise n'est acceptable ; aucun risque n'est imaginable ; aucun doute n'est possible : tout doit être parfait, sans tache, contrôlé, maîtrisé. Imaginer l'acte, douter de ses capacités, c'est déjà un acte coupable... Qu'est-ce qui se passerait si je me lâchais ? Se lâcher, c'est aller vers l'inconnu, et l'inconnu est forcément négatif, donc horrible. Je me rappelle une jeune femme que je voyais en consultation qui avait peur de tuer son enfant qu'elle adorait quand elle était seule. Cette pensée n'était pas du tout présente quand son mari s'occupait d'elle et qu'elle se sentait valorisée et aimée par lui...

➤ *Les comportements à risque*

Les conduites à risque avec recherche de sensations fortes sont très proches des addictions et, pour certains spécialistes, en font partie intégrante. Ces formes de comportements ont à voir avec le vide, plus exactement avec une pseudo-résolution du problème que constitue la confrontation au vide. Ces conduites se retrouvent dans le besoin d'expériences nouvelles, de dangers et d'aventures, comme dans les sports à risque, la conduite automobile à risque, les tentatives de suicide à répétition, les conduites sexuelles à risque... Le but est de toujours pousser plus loin les limites, pour éprouver des sensations fortes, jouer avec le risque et avec la mort. Le caractère répétitif, la rythmicité, la dépendance à la situation, à l'objet d'excitation, consommé avec avidité, mais avec juste ce qu'il faut de contrôle (risque délibérément choisi) en font de véritables comportements addictifs où tout est centré sur la recherche, en situation, d'une forme de toute-puissance.

Paroles d'hommes

« Ma poudre blanche, ma drogue, c'est ma sensibilité. Mes émotions négatives me font mal, elles me blessent, mais elles m'excitent aussi. Une émotion triste, c'est un plaisir à fleur de peau. »

« Mal faire au travail, me quereller à la maison avec ma femme, cela me donne envie de rebondir, cela me donne le stress nécessaire et l'énergie qu'il faut pour trouver le courage de gagner… C'est comme être un enfant qui rate à l'école et qui a peur d'être rejeté par ses parents pour mieux leur prouver qu'il peut réussir… »

➤ *Les addictions*

Les addictions expriment le mieux l'attachement qu'on peut avoir pour ses symptômes. On se lie aux objets, qu'ils soient extérieurs (nourriture, sexe, alcool, tabac, médicament) ou internes (son corps dans l'anorexie, ses pensées ou son comportement dans le jeu pathologique, les achats compulsifs, l'excès de travail, de sport…). Dans chacun de ces cas, on se raccroche à quelque chose ou à quelqu'un pour ne pas tomber ou couler. Prenons l'exemple de la boulimique face à la nourriture. La répétition des rituels compulsifs et des pensées obsédantes qui accompagnent l'acte boulimique est tellement envahissante qu'aucune place n'est laissée au choix de faire ou ne pas faire et à l'« à peu près » dans la réflexion. C'est le règne du tout ou rien : soit le problème a lieu et il est total ; soit le problème est évité et c'est la fuite. L'anorexique, elle, sera tellement mal avec son corps (intérieur vide d'un trop-plein de malaise et de douleur) et avec ce qu'il représente à l'extérieur (angoissant et vide) qu'elle va tenter de le réduire le plus possible dans l'espace, comme elle restreindra ses pensées au minimum du minimum, dans une position de repli qui peut aller jusqu'à la disparition. Pour éviter d'en arriver là, la patiente va s'accrocher à ce qu'elle peut dans un combat effréné entre, d'une part, prendre le moins de place possible (maigreur) face au vide insupportable que représente l'extérieur et exister, d'autre part, en utilisant quelques bouées de survie : conduites boulimiques, activités sportives, vomissements, activité intellectuelle…

Objets addictifs et dépendances multiples

Au sens strict, l'addiction est réservée à la dépendance à une substance étrangère : alcool, tabac, nourriture, produits toxicomaniaques, médicaments. Au sens large, si l'addiction est réellement un mode de relation aux êtres et aux objets, elle peut englober les dépendances comportementales et des conduites ordinaires, mais poussées à l'excès : tout « objet », tout système vivant, tout acte, toute organisation sociale, toute pensée, toute émotion peut devenir objet d'addiction. L'essentiel se trouve dans la répétition de l'acte, dans le manque, dans l'envahissement de la vie sociale, dans la contrainte permanente exercée sur le corps et l'esprit. On peut donc y ranger, pêle-mêle, les achats compulsifs, les tentatives de suicide à répétition, la kleptomanie (dérober), la trichotillomanie (s'arracher les cheveux), l'addiction au travail, l'onychophagie (manger ses ongles), le jeu pathologique, la pyromanie, les addictions sexuelles et affectives, les conduites à risque, l'anorexie mentale, la dépendance au sport, l'addiction à l'informatique, à Internet, aux jeux vidéo…

D'ailleurs, ce qui est assez fréquent chez les personnes présentant des addictions, c'est leur capacité à « manipuler » leurs dépendances, à « jongler » avec leurs conduites addictives. Il est ainsi possible de voir associées au cours d'une même période une addiction au tabagisme, à l'alcool, des tentatives de suicide à répétition, une dépendance au conjoint. Comme si une seule dépendance ne suffisait pas à l'apaisement. Pour cette raison, il me semble plus juste de parler de vécu addictif, de « manière d'être dépendante », que de dépendance unique ; très souvent, un individu dépendant vit de manière addictive tous les actes de son existence. Ses addictions seront baladeuses, l'addiction alimentaire sera remplacée par les achats compulsifs, qui seront eux-mêmes remplacés par des conduites à risque ou par une compulsion de séduction en fonction des situations ou de l'environnement. C'est l'exemple de cette femme qui, quand elle se sentait seule et abandonnée, compensait par l'alcool ou par des orgies de « bouffe » et quand elle était accompagnée de ses enfants, achetait des sacs entiers d'habits inutiles mais qui « faisaient plaisir » aux enfants. Elle ne trouvait la paix qu'en présence de son mari, véritable objet de vénération et de sécurité, sans qu'il ait la possibilité de la faire sortir de son système. Il faut dire que, pour le garder à la maison, elle avait accepté qu'il amène sa « maîtresse » à domicile…

De la même façon, dans une étude portant sur plusieurs centaines de personnes homosexuelles ou bisexuelles venant consulter pour la première fois pour comportement compulsif, on a pu constater que plus de 60 % d'entre elles avaient eu, au moins une fois, des rapports sexuels non protégés alors que la plupart savaient ce que se protéger veut dire. Contrairement à ceux qui avaient des rapports protégés, les groupes à haut risque avaient un plus grand nombre de partenaires, ils abusaient de la drogue et ne maîtrisaient guère leur vie sexuelle. Les auteurs de cette étude concluent que les homosexuels et les bisexuels compulsifs de l'étude, et nous pourrions évidemment dire la même chose des hétérosexuels compulsifs, sont confrontés à de multiples problèmes de dépendance relatifs au sexe, à la drogue et à l'alcool. On ne peut guère s'attendre, notent encore ces auteurs, à des changements dans leur comportement sexuel, à moins de s'attaquer directement à la nature compulsive de leur conduite sexuelle et à leurs problèmes de toxicomanie. L'addiction sexuelle coexiste souvent avec une dépendance chimique et est souvent la cause fréquente et non reconnue de rechute. Cela serait particulièrement vrai pour la cocaïne. Ainsi dans une autre étude, il est apparu que 70 % des utilisateurs de cocaïne venant se faire soigner étaient aussi des dépendants sexuels. Beaucoup d'entre eux se trouvaient dans une situation de « rechute réciproque » où le comportement sexuel précipitait la rechute vers la prise de cocaïne et vice versa. Autres résultats qui vont encore dans le sens d'une fréquente dépendance multiple : dans un document rempli anonymement par 75 dépendants sexuels en voie de guérison, il est apparu que 39 % d'entre eux prenaient de la drogue, 38 % étaient des travailleurs invétérés, 32 % souffraient de troubles de l'alimentation, 13 % dépensaient trop et 5 % étaient des joueurs. Seuls 17 % ont déclaré n'avoir aucune autre dépendance… Tout individu dépendant qui cesse un comportement de dépendance comme l'abus d'alcool peut lui en substituer un autre, comme des liaisons multiples ou une boulimie pour stimuler son humeur et trouver une échappatoire. Certains individus pourront trouver l'apaisement dans un choix addictif « moins à risque » ou socialement plus acceptable.

Les dépendances affectives et sexuelles

Dans une intervention sur la sexualité addictive en 1991, la psychanalyste Joyce Mac Dougall rappelait ceci : « Il arrive que des personnes soient utiles, de manière boulimique ou éthylique, c'est-à-dire en tant qu'objets à maîtriser servant à disperser des affects pénibles et inélaborables. Cette addiction peut prendre des formes différentes : il peut s'agir de relations addictives avec une demande constante de la présence de l'autre ou d'une sexualité addictive où l'autre est réduit à un objet partiel[6]. » Nous voilà, en quelques lignes, placés au cœur même de notre sujet. Si tout peut être objet de dépendance, alors, bien évidemment, l'amour et le sexe peuvent l'être aussi. Le choix de l'utilisation de l'un ou de l'autre ne sera pas anodin, il dépendra de l'histoire personnelle, notamment du système éducatif, des modèles parentaux et du système de représentation qui aura été construit dans l'enfance.

➤ *Les addictions sexuelles*

Les addictions sexuelles présentent deux formes cliniques : les paraphilies et les addictions sexuelles non paraphiliques. Les paraphilies, ou déviances sexuelles, sont des comportements sexuels anormaux, caractérisés par des impulsions sexuelles et des fantaisies imaginatives sexuellement excitantes, répétées, intenses, envahissantes, qui isolent de toute intimité sexuelle et de toute réciprocité affective. Les exemples les plus classiques sont : l'addiction au sexe-objet (fétichisme) et les compulsions au voyeurisme ou à l'exhibitionnisme. Les addictions sexuelles non paraphiliques, elles, regroupent des intérêts et des comportements acceptés par notre culture, mais accentués en intensité et en fréquence. C'est, par exemple, la masturbation compulsive, l'addiction aux fantasmes, la dépendance à des formes anonymes de sexualité (pornographie, téléphone rose, Internet), la dépendance à des accessoires sexuels, la sexualité compulsive dans les rapports sexuels…

➤ *Les addictions affectives*

Les addictions affectives sont des addictions à « l'autre ». Elles aussi présentent plusieurs formes cliniques, quatre en l'occurrence : la dépendance à la relation passionnelle ; la dépendance à l'autre ; la drague compulsive avec partenaires multiples ; la fixation compulsive sur un partenaire inaccessible. Quel que soit le tableau, la sexualité ne sera pas au premier plan : elle peut participer au maintien du lien de dépendance, mais toujours comme moyen périphérique, à côté du noyau central qui, lui, est constitué par l'utilisation de l'autre pour sa sécurité interne.

La dépendance à la relation passionnelle correspond à la recherche compulsive de sentiments de grande intensité, relation qui s'autodétruit dès l'affaiblissement de la passion ; l'expression extrême en est le « coup de foudre ». La dépendance à l'autre est une sorte de lien quasi toxicomaniaque au partenaire créant une relation fusionnelle dominant/dominé de longue durée. La drague compulsive, elle, est une recherche constante, un balayage de l'environnement[7] dans le but

« d'accrocher » des conquêtes à son tableau de « chasse » de séducteur (donjuanisme) ; le nombre est plus important que la profondeur des sentiments qui importe peu. Enfin, la fixation compulsive sur un partenaire inaccessible fantasmé, imaginaire, ou réel, est une sorte de « toxicomanie au fantasme érotomaniaque » qui envahit de façon unilatérale la vie de la personne dépendante : il n'y a aucune réciprocité.

Paroles de femmes

« Je ne peux pas me passer d'un homme à la maison, il faudrait que je me fasse désintoxiquer. Dès que cela va mal avec la personne avec qui je suis, je pense à quelqu'un d'autre, pour ne jamais laisser de place au vide. »

« C'est comme un shoot amoureux : toujours revivre ce qu'il y a de palpitant dans une relation nouvelle. Dès qu'un homme est amoureux de moi, j'explose comme un volcan. Je suis excitée à l'idée de vivre des trucs sensuels, forts. Je me dis qu'il y a forcément un homme, pas très loin, qui veut vivre une histoire d'amour avec moi. Je veux de la tendresse, je veux être dorlotée, qu'on s'occupe de moi, j'ai besoin de me sentir désirée, aimée. Dans ces conditions, je deviens animale. »

« Je ne suis pas nymphomane, je ne me jette pas sur n'importe qui. Je suis une nympho-romantique. Si je n'ai pas d'histoire d'amour intense, je deviens aigrie, malheureuse, agressive : la vie devient "chiante". Il me faut toujours des émotions fortes pour penser que la vie vaut la peine. Le seul problème, c'est que je ne supporte pas les conséquences de ce genre de vie, car cela se termine toujours mal. Qui dit sensation forte dit chute brutale et rupture douloureuse… »

CHAPITRE 4

La relation affective comme lieu de dépendance

Avant d'aborder les différentes formes de dépendance affective, et pour mieux faire le lien avec nos conduites affectives « normales », je vous propose de regarder d'un peu plus près les états affectifs qui accompagnent, « frôlent » ou ont frôlé la dépendance : la passion amoureuse et le coup de foudre.

Les folies ordinaires : passion et coup de foudre

La passion amoureuse et le coup de foudre flirtent tous deux avec la « folie ordinaire », l'addiction et la dépendance. Ils donnent naissance à des relations de courte durée, où les paramètres de séduction physique sont très présents, voire les seuls existants.

➤ *La passion amoureuse, ou l'aveuglement confusionnel* (La Guerre des Rose)

Pour le commun des mortels, les passions sont synonymes d'envahissement, d'aliénation, de drogues. On en dénonce l'accrochage et la dépendance pathologique, qui bouffe le temps et empêche de vivre… Chose remarquable, quand il s'agit d'amour, la norme s'inverse, et qui n'aurait pas aimé d'amour fou dans sa vie manquerait une expérience magnifique. Cette merveilleuse expérience, même si elle ne dure que « le temps d'un printemps ou le temps d'une rose », est à vivre absolument « pour ne pas mourir idiot ».

Si l'expérience est à tenter, c'est parce qu'elle nous confronte à nous-même et à nos fragilités, qu'elle nous apporte la jouissance et la souffrance, au cours de laquelle l'autre ne sera (et c'est cela le mensonge) que secondaire. Si, dans la passion, nous ne sommes pas dans une relation binaire, duelle (passif/actif, dominant/dominé), c'est pour la simple et bonne raison qu'il n'y a pas de couple possible résultant de l'addition de deux identités distinctes. En revanche, il y a confusion passionnelle, folie fusionnelle.

La force d'attraction dans la passion est immense, les critères de sélection du partenaire (mais peut-on parler dans la passion de critères de sélection ?) portent peu sur des éléments culturels, géographiques, sociologiques, plutôt sur des facteurs… énigmatiques, hypnotiques, neurobiologiques qui échappent à l'entendement. L'énergie développée est d'autant plus importante qu'elle s'éloigne de la réalité ordinaire de tout un chacun : l'attraction éprouvée de part et d'autre résulte de l'aveuglement de deux êtres que rien ne préparait à la rencontre. Cette confusion représente une telle excitation qu'elle amène les protagonistes à des comportements où le paraître et le faire semblant sont cruciaux : il s'agit de donner à voir ce qu'il y a de meilleur en soi ; il s'agit de capter l'autre, comme si on avait trouvé enfin (« cette fois-ci, c'est vraiment lui/elle ») l'être extraordinaire tant attendu.

Chacun cherche la rencontre absolue, le remplissage de ses manques existentiels. Dans la passion amoureuse, on devient tout à coup capable de s'intéresser à des sujets totalement insipides ou stupides, mais tout est « mangeable » venant de l'être adoré. Les rencontres sexuelles sont, elles, simplement merveilleuses, même quand elles n'apportent rien : le simple fait d'être ensemble suffit au bonheur. Il y a de « l'accrochage dans l'air », tout nous attire vers l'autre, il n'y a que lui qui compte, le reste du monde nous devient étranger, voire hostile (« ils ne peuvent pas comprendre », « ils sont jaloux… »).

Quand deux individus isolés, sans contrainte, sans lien l'un envers l'autre, vivent la rencontre absolue, ils traversent une période de dépendance forte. Tous deux vivent par leur « objet » d'amour, dans un besoin permanent d'être ensemble : la moindre séparation n'est que souffrance et drame. Dans la passion amoureuse, la répétition des actes et des comportements n'est liée qu'à la recherche des sensations fortes que procurent les rencontres aveuglantes. Le syndrome de manque est épouvantable. Le quotidien, qu'il soit professionnel ou personnel, est envahi en permanence par l'image de l'autre, par l'envie de l'autre, par le vécu de l'autre. La peur de perdre l'autre, comme un enfant peut avoir peur de perdre sa mère, crée un sentiment d'insécurité insupportable. Cette passion, qu'elle soit débutante ou à son apogée, est envoûtante au point qu'elle fait perdre pied et fait prendre des décisions aux conséquences risquées : la souffrance est au bout de ce parcours. À l'évidence, on retrouve donc dans le sentiment de passion amoureuse ce qui caractérise les conduites addictives des dépendants : incapacité à contrôler ses actes, tolérance accrue à « l'objet aimé », répétition des comportements malgré leurs conséquences négatives, souffrances du manque...

Cela dit, dans la passion, à un moment ou un autre, le principe du plaisir est rattrapé par le principe de réalité, et heureusement d'une certaine façon. Un choix va s'opérer : soit la rupture de la relation passionnelle, véritable retour de boomerang aussi violent que le lancer initial, soit l'évolution de la relation vers une stabilité construite en fonction de critères de choix plus classiques, dont le plus important sera psychoaffectif. Le problème est que, en s'attachant à quelqu'un et en consolidant cet attachement, on échange une partie de l'excitation contre du confort et de la stabilité. Essentiellement, on renonce aux émotions vives de la quête amoureuse pour la sécurité d'une relation exclusive.

➤ *Le coup de foudre, ou l'aliénation compulsive*

Le coup de foudre est une forme plus brutale de passion. Il a ceci de très particulier que, loin de constituer une addiction, il constitue probablement le seul cas de compulsion unique ne survenant qu'une seule fois dans la vie. On peut être passionné plusieurs fois au cours de son existence, au gré de rencontres toujours différentes, mais on ne vivra sans doute qu'un seul coup de foudre dans sa vie.

Par essence, un coup de foudre rapproche ce qui ne devrait jamais se rencontrer. Seuls les intéressés ne peuvent rien entendre parce qu'ils ne sont pas uniquement aveuglés l'un par l'autre, comme dans la passion, mais parce qu'ils sont aliénés et ont fusionné l'un dans l'autre (« nous ne sommes plus qu'un »). D'une certaine façon, la transgression est à la base de tout coup de foudre, puisqu'il supprime toute limite entre moi et l'autre, entre nos réalités et nos imaginaires, qu'il fait prendre des risques maximaux à ceux qui le vivent. Il est à la fois délire jouissif, incontrôlable, et « cancer rongeant », douloureux. Je reçois en consultation des hommes et des femmes capables, après quelques semaines de mariage, de rompre avec leur conjoint qu'ils aiment encore profondément, pour suivre une autre personne dans une relation totalement décalée, hors réalité. Je vois des hommes et des femmes quitter leur couple, leurs enfants, parfois leur travail pour quelqu'un dont ils sont fous, même s'il a plusieurs enfants à élever, un travail moins valorisant… Ils ne peuvent et ne veulent évidemment pas savoir que le résultat est toujours la souffrance et l'issue la mort de cette relation folle.

Retour à la réalité

« Nous venons de passer un mois et demi ensemble et je sais qu'il faut se reposer l'un de l'autre. Je suis contente, après avoir passé des semaines entières dans une communication constante où nous parlons comme des fous, comme si l'avenir du monde en dépendait, de rentrer chez moi, de réfléchir seule à mes choses à moi, de lire mes livres, de rencontrer d'autres gens. Je suis comme un écureuil qui vient chercher des noisettes et qui repart avec ses provisions. […] Si on n'est pas nié dans sa peau par le ou la partenaire, si on ne le nie pas soi-même en se l'imaginant, si on est sûr de son adhésion profonde, on existe très gaiement pendant ses absences physiques et/ou amoureuses. La respiration double, je n'y crois pas. Le vrai bonheur, c'est de ne rien demander à personne. »

Marie Cardinal[1].

Les dépendances affectives : en dehors de l'autre, point de salut

Nos folies ordinaires, passion amoureuse ou coup de foudre, échappent à la pathologie de la dépendance tant qu'elles restent des événements ponctuels, circonscrits, qui ne résultent pas d'une recherche active et ne constituent pas une façon d'être caractéristique du sujet dans ses rapports aux autres et à la vie. En revanche, on glisse vers le domaine pathologique avec l'amour possessif, quand nos caprices et notre égoïsme nous font plus prendre que donner ; on s'aventure avec l'« amour soignant » quand l'autre est un refuge, un « papa » ou une « maman », un moyen utilisé pour régler ses problèmes passés ou présents et on est en plein dedans avec les passions dévorantes à haut risque qui ne peuvent finir que par des drames. En clair, quand l'illusion amoureuse se nourrit principalement de l'utilisation de l'Autre, alors, on retrouve immanquablement tous les symptômes que nous connaissons bien maintenant, pour les avoir évoqués longuement dans les chapitres précédents, et qui marquent la relation dépendante.

Dans les relations affectives authentiquement dépendantes, le but principal est la recherche d'un plaisir immédiat, l'apaisement d'une tension ou le comblement d'une insécurité. L'assouvissement, quand il est atteint, est tellement apaisant, défoulant, relaxant, excitant qu'on a envie de revivre tout le processus du début à la fin. De ce fait, le système relationnel créé se trouve morcelé, découpé, clivé : l'intérêt est focalisé sur une partie spécifique de la relation qui enferme peu à peu. Alors que la sexualité, dans toutes ses composantes, et les sentiments, dans toutes leurs manifestations, sont des moteurs à la construction de soi, permettant le processus d'individuation et d'autonomisation, dans les relations affectives dépendantes, le partenaire, les sentiments et la relation amoureuse sont traités en objets de plaisir immédiat. Ils sont devenus des drogues qui rendent « accro ». Et autant nous sommes capables d'entrevoir de la normalité dans la passion amoureuse, relation merveilleuse à court terme mais profondément égoïste, qui ne dure qu'un temps, car invivable dans la réalité ordinaire, autant l'envahissement du quotidien par la folie amoureuse peut déboucher sur une toxicomanie faisant perdre le contrôle de soi et de sa vie.

Paroles d'hommes et de femmes

« Je ne vis qu'à travers lui. Il n'a pas le droit de vivre sans moi. J'ai besoin d'être en permanence avec lui… »

« Je ne suis rien toute seule. Et comme j'ai besoin de ma dose de câlins, je lui fais des scènes pour qu'il s'occupe de moi… »

« Je suis fou de la femme que je n'ai pas ; quand je l'ai, je suis déçu, j'en cherche une autre… »

« Je passe mon temps à chercher des femmes qui m'aiment comme je veux ; autrement, je me sens rejeté… »

➤ *La dépendance à l'amour-passion, ou la recherche de sensations fortes*

Isabelle, 47 ans, est en quête d'amour-passion. Elle rejette toutes les relations « banales », trop tranquilles, trop calmes, trop « gentilles ». Elle a besoin de sentiments puissants : « L'autre doit m'apporter ce que je veux comme je le veux, c'est comme mon clone. » Les rapports sexuels sont des « cadeaux empoisonnés » dont elle gratifie l'autre, quel qu'il soit, pour mieux le posséder. La recherche de sensations fortes par le biais de relations passionnées cache chez cette femme un grand manque de confiance en soi et des carences affectives. Le corollaire en est l'incapacité à créer un lien affectif durable. Toute relation simple, facile, apaisante est jugée ennuyeuse, « mortelle ». Isabelle abandonne toujours plutôt que d'être abandonnée. Dans les moments de solitude, elle compense par des achats compulsifs, le tabagisme et, parfois, des conduites d'automutilation…

Pour avoir de la passion, dans ce cas, il faut concéder de la souffrance. En couple, l'un ne va pas sans l'autre : c'est parce qu'on est régulièrement en crise, qu'on se rapproche passionnément l'un de l'autre, et c'est parce que la relation « s'endort » qu'on cherche à créer des relations passionnées à l'extérieur. Sans souffrance et sans peur, il n'y a pas de passion ; sans passion dévorante, il n'y a pas de souffrance. La différence essentielle entre la passion évoquée plus haut et la dépendance à l'amour-passion est du même ordre, toutes proportions gardées, que la différence entre un (très) bon plat consommé avec plaisir et un raptus alimentaire consommé de manière boulimique. Dans un cas, le plaisir du plat et des aliments qui le composent est temporaire, son manque n'amène qu'une frustration temporaire ; dans l'autre cas, l'aliment sert à remplir, compenser, il est utilisé en grande quantité sans apaisement, il est insatisfaisant…

Il en va du plaisir alimentaire comme du plaisir de la passion. Celle-ci, dans le cas d'Isabelle par exemple, est devenue un « objet d'utilisation courante » auquel on recourt dans un but autre que celui de créer un lien d'amour. Certains traits se retrouvent systématiquement dans la dépendance à l'amour-passion, ils expriment le besoin compulsif de ressentir les sentiments et les émotions qui s'y rattachent et le besoin impulsif de passer à l'acte dans une quête éperdue de trouver « l'objet » où puiser ces sensations fortes, seuls indicateurs d'une « vie vraie ». Certes, il vaut mieux que l'autre soit dans les mêmes dispositions pour vivre intensément, mais, au fond, l'amour-passion n'est qu'une expérience personnelle où l'autre est « utilisé ». Tant que la relation est totale, c'est-à-dire qu'elle apaise et qu'elle fait exister, le bien-être est évident, il n'y a plus de problème, la personne est rassasiée. Le sexe est un paramètre secondaire, dans le sens où il participe au maintien du système d'utilisation de l'autre, il est le « cadeau » qui retient l'autre, mais il n'est pas ce qui est recherché en priorité : ce qui est essentiel c'est de vivre l'excitation de la passion. Évidemment, il y a un effet d'accoutumance qui nécessite d'augmenter la dose pour obtenir le même effet. Si cela n'est pas possible, la relation va très vite se dégrader. La rupture est consécutive à sa « banalisation », au manque et à l'angoisse qui accompagne toute dépendance. Le manque de nourriture affective est insupportable, la souffrance du vide émotionnel est énorme et déstructurante : le seul moyen de s'apaiser est de trouver une nouvelle personne à aimer très fort. Pour cela, il faut rompre avec le précédent partenaire désormais maintenant trop « connu ».

Il semble bien qu'il y ait un parallèle à faire entre la prise de drogue, avec son corollaire l'accoutumance, et les risques liés au passage de l'amour-passion à la vie conjugale. On retrouve d'ailleurs, dans certaines relations durables, ce même besoin de nouveauté et de l'excitation qui l'accompagne. C'est le cas des individus qui vivent séparément, mais se voient occasionnellement, de ceux qui vivent avec une personne et en voient une autre en cachette ou de ceux qui s'unissent et rompent continuellement[2]. Il est vrai que le mécanisme d'accoutumance est sous-jacent à toute expérience conjugale classique. L'accoutumance à une drogue se développe lorsqu'on s'habitue à ses effets de sorte que, progressivement, il est nécessaire d'augmenter la dose pour avoir le même effet ou un effet supérieur tant sur le plan quantitatif que qualitatif. Comme le dit Robert Blondin : « L'accoutumance est un vrai problème dans les relations amoureuses, parce qu'elle fait que les amoureux finissent par s'ennuyer en présence l'un de l'autre. Plus la relation dure longtemps et plus le problème est sérieux, à moins que ne se produisent la ou les choses suivantes. D'abord, il se pourrait qu'avec le temps, les deux amoureux deviennent plus attachés l'un à l'autre ou plus à l'aise l'un avec l'autre, et qu'ils acceptent de sacrifier l'excitation à la sécurité. En second lieu, il se pourrait qu'ils trouvent des moyens d'injecter de la nouveauté ou des changements dans leur vie amoureuse. Certains moyens sont provoqués comme les querelles, d'autres sont risqués voire malheureux comme les aventures extraconjugales, le divorce ; d'autres enfin sont heureusement plus utiles comme les moments quotidiens (soirée, week-end, vacances) partagés à deux, décidés par le couple, dans le but de recréer un contact éloignant le spectre de l'évitement réciproque. Traditionnellement, la lune de miel était la première occasion qu'avaient deux individus formant un couple de se retrouver ensemble pendant une durée prolongée ; en termes chimiques, on pourrait dire qu'ils avaient d'un seul coup une forte dose l'un de l'autre[3]. »

Martine, 40 ans, vit depuis quinze ans avec un mari qu'elle décrit comme dominant, fort, protecteur. Celui-ci s'est permis à plusieurs reprises de la tromper, prétextant le manque de féminité de son épouse. Ils avaient décidé dans le contrat conjugal de départ que les tromperies seraient admises si elles n'étaient pas dévoilées à l'autre. Chacun demande à l'autre d'une certaine façon de cautionner la tromperie mais se sent trahi quand l'autre s'éclipse, tout cela a entraîné des conflits et des querelles. La suite, de ce fait, est tout à fait logique. Martine a également trompé son mari à la suite de la découverte de ses premières infidélités. Elle rapporte que les querelles ne surviennent jamais par hasard, elles font suite d'une part à la souffrance que chacun ressent lorsque son conjoint s'absente et, d'autre part, à l'ennui qu'ils ressentent quand ils sont ensemble, sans problème. Le couple a trouvé des moyens de sortir de l'ennui par le biais de crises régulières et de passions extérieures à la vie de couple. Tout cela amène jalousie, crises passionnelles, rejet, tromperies, solitude, rapprochement conjugal… Chez Martine, s'y ajoutent des crises boulimiques et le retour de rituels de lavage liés à un trouble compulsif ancien qui disparaît quand elle tombe amoureuse.

Martine se décrit comme quelqu'un de fragile, ayant besoin en permanence de l'approbation d'autrui, quelqu'un en quête de réciprocité et d'amour : « Je suis incapable de vivre seule, et c'est mon mari qui m'a permis de me rassurer en me choisissant, je lui en suis redevable. » Elle compare (elle est passée directement de l'un à l'autre), son mari à son père, homme idéalisé dont elle s'occupe beaucoup actuellement : « Il m'a portée, j'ai été sage comme une image ; rien que pour lui, j'aurais tout fait. Il m'a élevée seule après le décès de ma mère que j'ai toujours connue malade ; c'est pour moi l'homme idéal. Je souffre un peu de cette proximité avec lui, j'ai conscience que cette relation m'a emprisonnée. Encore maintenant, j'angoisse dès que je suis seule, je ne sais pas ce que je vaux, je ne sais pas qui je suis. J'ai envie d'être une femme, rien que pour moi, mais j'ai peur de décider de ma vie, j'ai peur de faire de la peine aux gens que j'aime. Mes aventures avec des hommes ne servent pas à assouvir des pulsions sexuelles, je leur donne ça en cadeau, pour qu'ils me parlent d'amour, qu'ils me prennent dans leurs bras, que je me sente quelqu'un. »

Dans l'histoire de Martine, deux niveaux de dépendance existent : d'une part, le besoin de se sentir exister grâce aux sentiments de passion vécus avec ses amants, « jetés » dès qu'ils se banalisent ; d'autre part, le besoin d'éviter le vide en s'accrochant à un partenaire officiel qui offre une relation de sécurité insatisfaisante, mais une bouée de sauvetage nécessaire. Ces deux béquilles permettent de ne jamais avoir à faire face au risque d'être seule avec elle-même ; elles amènent l'une comme l'autre à vivre par l'autre. Il est fréquent de trouver chez ceux qui font de l'amour-passion un mode d'existence, ce double appareillage : l'utilisation d'une base conjugale comme « port d'attache » sécurisant et l'utilisation d'objets à usage limité pour assouvir son besoin de sensations fortes, la première permettant d'ailleurs de mieux vivre la seconde. L'ensemble forme un tout cohérent et bien organisé puisqu'on y trouve à la fois des moyens de remplir le vide (la passion, sinon la boulimie alimentaire, sinon une maladie...), de s'accrocher de façon sécurisante (la dépendance au conjoint, sinon aux enfants, sinon...) et de contrôler l'autre (l'exigence, sinon la jalousie, sinon la dépression...). Voilà qui nous permet d'ailleurs d'introduire une autre forme de dépendance.

➤ *La dépendance à l'autre, ou la recherche de la fusion conjugale*

La dépendance à l'autre est l'exact contraire de la dépendance à l'amour-passion où les sensations fortes de l'amour comptent plus que les personnes rencontrées. C'est la recherche de sécurité qui prime ici, même au détriment des sentiments forts et de la conquête passionnelle. Je ne veux pas dire qu'il n'y a pas de sentiments d'amour ; bien au contraire, les dépendants à l'autre sont remplis d'amour, mais leur grande inquiétude est à chercher dans la peur de vivre les fluctuations normales du sentiment amoureux et, notamment, de se risquer au jeu du « M'aimes-tu ? Montre-le-moi ». À la place de quoi, les sentiments d'amour sont tous dédiés à l'autre qui devient le centre de l'intérêt, l'unique source d'intérêt. Hyperinvesti comme « objet » de sécurité, le partenaire est tout ce qui permet de vivre. Il en devient une source d'analyse permanente, tout est passé au crible : son regard, son attitude, ses mots…

De tels couples ne peuvent évidemment fonctionner que si l'autre accepte cette distribution de rôle et accepte d'être celui qui rassure : s'il faut un « nourrisseur » pour un « nourrisson », il faut aussi un « nourrisson » pour un « nourrisseur ». Se construit ainsi un système addictif, où le sexe sert de ciment, mais plus pour garder ou rassurer l'autre qu'en vue d'un épanouissement personnel et où le plaisir est fonction non pas des sensations de passion éprouvées, ici trop risquées, mais de la quantité de temps de présence, de la quantité de sentiments exprimés, de la quantité d'attentes comblées.

Certes, on pourrait objecter que tout être humain a besoin de vérifier occasionnellement auprès de l'autre la réciprocité des sentiments, mais, dans le cas qui nous intéresse, la recherche de réassurance est permanente et jamais satisfaisante, même si le partenaire est très apaisant. Le risque existe dès lors que l'autre n'entre plus dans le projet initial visant à calmer les tensions et à offrir la sécurité intérieure recherchée et que, par un désir d'autonomisation et d'individuation, tout à fait compréhensible par ailleurs, il en vienne à demander la modification des rôles attribués. Et s'il veut partir, il faut qu'il en soit apte et ne pas l'annoncer s'il en est incapable, car, autrement, la dépendance et, donc, la méfiance vont encore s'amplifier. En cas de séparation, simplement annoncée ou réellement mise en acte, l'ébranlement ressenti par le dépendant sera insupportable. La conséquence en sera l'apparition d'une angoisse de séparation par peur de l'isolement et du vide créé par la rupture. Mais d'autres risques existent quand un tel système s'effondre ; ce sont des risques compensateurs : apparition d'un état dépressif, développement d'autres conduites « boulimiques » autour du tabac, de l'alcool, de la nourriture, de l'argent ou encore retour chez « papa, maman », véritable cocon familial, et parfois chez un ex-conjoint.

On parle d'étayage et d'anaclitisme pour rendre compte de cette situation de dépendance qui n'est pas sans rappeler celle des toxicomanes, puisque la présence de l'objet d'amour y relève d'une nécessité impérieuse. Il est vraisemblable que le choix d'objet par étayage est un choix où l'objet d'amour est élu sur le modèle des figures parentales, qui assurent à l'enfant nourriture, soins et protection et fournissent le prototype de l'objet sexuellement satisfaisant[4]... Ce choix « nourricier » est d'ailleurs un choix très fréquent, preuve supplémentaire, s'il en était besoin, que le choix du conjoint est rarement le fait du hasard. Tout cela n'est évidemment pas sans rappeler la force de l'attachement et des premiers liens, prémisses du processus, réussi ou inabouti, d'autonomisation et d'individuation. « Nous ne sommes que des êtres imparfaits, en quête de complément ou de double. Nous ne serons jamais que des bébés vieillissants, nous n'y pouvons rien, l'angoisse de séparation est une composante fréquente de l'amour humain et elle provoque des réactions d'anxiété lorsque l'un des deux partenaires est absent ou que la relation semble menacée, et un sentiment de sécurité quand on est avec son partenaire et que tout va bien. Toutefois, pour des raisons qui peuvent être biologiques [...] ou qui peuvent avoir rapport au milieu humain (une mère qui découragerait systématiquement les tentatives d'un jeune enfant d'explorer son univers ou de devenir indépendant), certaines personnes semblent avoir plus de problèmes que d'autres dans leurs relations amoureuses à cause précisément de cette angoisse de séparation[5]. »

Ainsi en va-t-il de Josiane, 30 ans, mariée depuis huit ans. Elle vient en consultation pour un état dépressif et des difficultés conjugales. Une tentative de suicide est survenue il y a quinze jours à la suite d'une dispute avec son mari : « Il n'y en a eu que quatre en deux ans », m'explique-t-elle, comme pour se justifier. Depuis, elle n'a plus d'espoir, elle pleure, semble très malheureuse, sans plaisir à vivre : « Je ne vis qu'avec mes problèmes », résume-t-elle sobrement. L'objet de la dispute concerne un fait qui peut paraître banal, mais qui, pour elle, a des allures dramatiques. Elle a surpris son mari en train de visionner un film pornographique. Lui habituellement gentil, même s'il n'est pas du genre démonstratif, a réagi en l'agressant verbalement, comme s'il avait été pris en faute. Mais les choses ne s'arrêtent pas là. Fabien a aussi décidé de s'inscrire à un stage sportif de huit jours qui commencera dans quelques semaines et l'emmènera dans le sud de la France : il va donc découcher. Et puis, à cause de son travail, il va désormais devoir rester dormir à l'hôtel une nuit par semaine. Ce dernier événement est d'autant plus douloureux pour Josiane qu'il le lui a annoncé au dernier moment alors qu'il le savait depuis plusieurs jours, mais la peur qu'elle ait une réaction angoissante l'a amené à ne rien dire avant. Josiane décrit cette accumulation d'événements comme insupportable, si effroyable qu'elle imagine le pire pour elle-même : effondrement incontrôlable, mort imminente, vide insoutenable entraînant panique et angoisse.

Attardons-nous un peu sur l'histoire de ce couple. Alors qu'elle ne travaille plus, après avoir été dame de compagnie chez un couple de personnes âgées qui ont été très proches d'elle, Josiane n'a jamais pu trouver d'activité professionnelle plus épanouissante, alors qu'elle avait un diplôme de secrétariat trilingue. Elle décrit sa vie comme ennuyeuse ; mariée depuis huit ans, elle est toujours en attente d'une grossesse qui, pour l'instant, est absente du projet conjugal. Elle se sent très seule, éprouve un mal de vivre permanent, a le sentiment d'être abandonnée, « hors regard des autres ». Elle évoque des comportements de phobie sociale qui semblent liés à son attente, permanente et passive, que son mari rentre à la maison. Josiane dit d'ailleurs le boire des yeux quand il réapparaît le soir et précise aussitôt : « Je vis à travers lui ; sans lui, je n'existe pas. »

De son côté, Fabien, lui, se voit comme un timide introverti, il travaille dans l'informatique et a cautionné l'absence d'activité professionnelle de son épouse. Se disant jaloux, il préfère savoir sa femme à la maison. Il est très dépendant de la cigarette depuis qu'une promotion l'a amené à animer des réunions. Il a, à cette époque, suivi des stages de communication en analyse transactionnelle et son tempérament a alors changé au dire de Josiane. Il est devenu plus exigeant, demandant à sortir davantage, réclamant d'aller voir des amis ensemble, même si, dans ces occasions, il s'occupe très peu de sa femme qui reste seule, toujours dans l'attente qu'on la regarde, qu'on s'intéresse à elle ; même si, dans le même temps, elle redoute le jugement qu'on pourrait porter sur elle. « Au moins, si mon mari me regardait… », soupire-t-elle.

Dans sa vie, Josiane n'a pas connu d'autres histoires avant son mariage, elle est passée directement du système parental au système conjugal. Durant les deux ou trois années qui ont précédé la rencontre de son époux, elle a bien été amoureuse d'un homme beaucoup plus âgé qu'elle, mais cet amour impossible et non réciproque pour un partenaire inaccessible, rencontré au cours d'une réunion paroissiale, ne lui a apporté que souffrance et isolement. Elle évoque cette relation imaginaire et fantasmatique comme très excitante, mais aussi trop obsédante. Remontons plus loin dans le passé de Josiane pour essayer de trouver le contexte de dépendance, les racines et les facteurs qui l'ont amenée progressivement à vivre dans la recherche d'amarrages permanents. Elle dit avoir été, petite fille, sage comme une image, ne faisant pas de vague, pas d'histoire et exprimant par un très bon carnet scolaire son désir de faire plaisir et d'exister. Elle a compris très rapidement que ce moyen lui permettait de ne pas voir ses parents souffrir et être malheureux, même si c'était au détriment de ses loisirs et de ses amies. D'une certaine façon, elle n'avait pas trop le choix : elle était le deuxième enfant, et son frère aîné, très agressif et hyperactif, avait des problèmes scolaires et quelques différends minimes avec la justice. De ce fait, ses parents lui ont consacré beaucoup d'énergie, beaucoup de temps, ils ont été très bousculés par ce fils. Cela a rajouté à la fragilité de sa mère, femme dépressive et anxieuse, qui s'est beaucoup culpabilisée pour son garçon. On peut considérer que Josiane a plutôt, dans son histoire d'enfant et d'adolescente, été modelée pour jouer un rôle où sa loyauté et son silence visaient à ne pas aggraver les difficultés parentales. Toute jeune, elle s'est enfermée dans des comportements d'onychophagie et de grignotage qui n'ont pas conduit à des prises en charge médicales. Son entrée dans la vie adulte s'est faite par le passage du domicile parental au domicile conjugal *via* le mariage. Le silence a fait place à l'enfermement, la loyauté envers ses parents à l'attente passive de son mari, sans que jamais le sentiment de rejet et d'abandon ne disparaisse.

Voilà comment un « façonnage » progressif peut conduire à l'enfermement et à la peur permanente d'une rupture du lien…

➤ *La relation érotomaniaque : une relation compulsive non réciproque*

L'érotomanie constitue la forme extrême du mal d'amour qu'est la fixation compulsive sur un partenaire inaccessible en dépit du manque de réciprocité[6]. Elle touche dans 80 % des cas des femmes et a pour effet, très souvent, de renforcer l'image narcissique, l'homme convoité étant habituellement d'un rang social plus élevé. Illusion délirante d'être aimé, l'érotomanie fait sortir de la réalité ordinaire et basculer dans une sorte de délire : la réalité « vraie » est reconstruite et modifiée dans un sens imperméable à toute critique et insensible à toute objectivité. Il y a très souvent un point de départ plausible (une attitude, un mot…) et c'est sur lui que va se greffer le scénario fantasmatique envahissant. Le postulat de base en est toujours une déclaration amoureuse prêtée à l'autre. Les comportements qui s'ensuivent vont avoir pour fonction de confirmer ce postulat, et tout sera interprété de façon à nourrir le scénario qui s'amplifie au fil du temps, cependant que des croyances associées œuvrent pour consolider le système délirant (« je suis la seule à pouvoir lui donner du bonheur », « de toute façon, il m'aime, mais il ne peut pas me le dire », « quelle que soit sa vie affective du moment, elle n'a aucune valeur… »). La vie de l'érotomaniaque tourne autour entièrement de cette fixation délirante dans une relation à sens unique qui place éventuellement l'autre, s'il est mis au courant, dans des dispositions fragilisantes et agressives, mais qui seront récupérées pour nourrir le scénario (« en s'opposant à moi, il me prouve toute la force de cet amour qu'il doit cacher à son entourage »). L'isolement qui en résulte est considérable, notamment sur le plan professionnel et relationnel ; la vie intime est faible, voire inexistante : seul le travail mental apporte son lot de fantasmes compensateurs, débouchant éventuellement sur des comportements de masturbation compulsive. L'issue de l'érotomanie est toujours catastrophique, car, après la phase d'espoir, surviennent la rancœur et parfois la vengeance. Cela dit, il existe des formes d'érotomanie non délirantes, des formes mineures de maladies d'amour construites autour d'une idée fixe.

La compulsion à partenaire inaccessible permet la libre expression de tout ce qu'il y a d'excessif, de répétitif, d'envahissant, d'excitant et de douloureux dans la passion amoureuse. Les points communs existent en effet : dans le coup de foudre, le choix de l'autre est fonction de critères réciproques qui rapprochent ceux qui ne devraient jamais se rencontrer ; dans la compulsion à partenaire inaccessible, le choix de l'autre est fonction de critères qui rapprochent sans réciprocité ceux qui ne devraient jamais se rencontrer ; dans la passion compulsive, la concrétisation s'effectue par un passage à l'acte et une consommation immédiate, dans la compulsion à partenaire inaccessible, la concrétisation est fantasmatique avec des masturbations compulsives. Il a par ailleurs été montré dans différentes études que c'était justement l'intense excitation procurée par la focalisation sur un « autre » inatteignable qui était recherchée. On pourrait donc considérer cette compulsion comme uniquement virtuelle, comme une sorte de rêverie intime, si elle n'envahissait le quotidien au point de parasiter la vie affective et si elle ne se focalisait sur un « autre » réel.

Ainsi Marie-Paule, la quarantaine, divorcée très pratiquante, déjà reçue en consultation quelques années plus tôt pour des conduites addictives associant boulimie alimentaire et masturbation compulsive. Elle revient me voir pour un état dépressif faisant suite au décès d'un prêtre, qui avait progressivement envahi tout son champ de conscience, l'amenant à vivre de plus en plus repliée sur elle-même. Depuis sa mort, elle est en manque total de sécurité et se sent abandonnée ; la présence d'idées obsédantes d'ordre sexuel ne fait qu'aggraver sa souffrance.

D'abord réticente, Marie-Paule accepte peu à peu d'évoquer ses idées fixes concernant ce prêtre avec qui elle travaillait dans la paroisse. Tout était prétexte à lui rendre visite, à entrevoir des signes de réciprocité. Elle se rendait bien compte du caractère stupide de ses idées, mais elle ne pouvait les contrôler que partiellement, partagée qu'elle était entre un sentiment de culpabilité très vif et l'excitation sexuelle qu'elle éprouvait. D'ailleurs, elle n'avait pas vraiment envie de faire disparaître ces idées, elle aurait voulu « jouer » avec, sans perdre pied. Seulement, elles n'apparaissaient que lorsqu'elle s'ennuyait ou lorsqu'elle était triste et seule. À ces moments-là, un « raptus obsédant » l'envahissait, remplissait son imaginaire, la paralysant dans ses tâches quotidiennes, comme le faisaient dans le passé ses crises boulimiques. Depuis son divorce d'avec son mari, homme très brillant intellectuellement, elle vivait donc ainsi, avec elle-même et l'image de ce prêtre d'une grande qualité morale comme modèle impossible d'homme parfait. Dès qu'elle le voyait, elle sentait sa douceur et sa bonté l'envahir. Dans ses fantasmes, d'ailleurs, il n'y avait pas que le sexe, la tendresse était prépondérante. De cette façon, elle avait, dit-elle, créé un scénario à la fois plausible et, évidemment, impossible : elle considérait même que la réalisation de son désir aurait détruit son obsession. Avec la mort de ce prêtre adoré, tout a changé ; aujourd'hui, Marie-Paule est perdue, attachée à un fantasme qui n'a plus aucune réalité concrète. Il lui faut désormais apprendre à vivre avec le vide…

➤ *La dépendance à la séduction : de la drague compulsive au donjuanisme*

Je ne veux pas parler de la séduction en tant que passage utile et parfois obligatoire pour conquérir l'autre : nous y sommes tous passés. La problématique qui m'occupe ici est tout autre, c'est celle de la consommation de nombreux partenaires dans le seul but de se rassurer sur sa capacité narcissique. Ici, pas de recherche de passion éperdue, pas de relation de dépendance à l'autre : la dépendance porte d'abord et avant tout sur les stratégies répétitives de séduction et de conquête, sur les moyens utilisés pour arriver à l'objectif et au gain qui y est associé, que ce soit la réussite du déroulement de la conquête (prises de risque et sensations fortes), le pouvoir de profiter du résultat (sexe et possession), le comblement temporaire d'une faille narcissique (complexe d'infériorité, peur des femmes, homosexualité refoulée…). Par ces aspects, nous sommes proches du jeu dans sa version pathologique.

- ***Dans sa version masculine***. La stratégie de conquête du séducteur repose sur l'utilisation de croyances magiques et superstitieuses concernant l'image qu'on a de soi-même (« je suis beau et attirant »), le sexe féminin (« les femmes aiment cela, elles en redemandent ») et le résultat de ses approches (« je suis fondamentalement sûr du résultat »). Un séducteur n'est pas toujours dupe du leurre qu'il s'est construit ; sa souffrance est parfois grande et envahissante, car il reste, malgré tous ses efforts, seul. D'ailleurs, plus il ira loin dans la drague, plus il s'isolera, et plus il sera tenu d'augmenter la dose, obtenant un résultat encore plus « toxique » pour lui. Qu'il dénie la souffrance qu'il éprouve est normal : pour qu'il puisse continuer ses passages à l'acte, seules des croyances de toute-puissance donnent un sens à ses recherches et à sa survie.

La dépendance à la séduction passe par l'élaboration d'un scénario anticipatoire relatif à la recherche de la proie. Le séducteur pense ainsi être en mesure de contrôler ses pensées et ses comportements avant d'entamer le « balayage de l'environnement ». La place que tient le sexe dans ce comportement est complexe. Celui-ci peut, de temps à autre, être le but recherché (c'est le collectionneur de trophées sexuels dont nous reparlerons dans le chapitre sur les dépendances sexuelles), il peut aussi être secondaire (c'est le cadeau défouloir après la drague), il peut enfin n'occuper aucune place du tout (seule la conquête compte). Il arrive d'ailleurs qu'un Don Juan soit porteur d'un problème sexuel (impuissance, homosexualité) ou d'un complexe sexuel (peur de la femme et de ses exigences sexuelles) : sa quête sera alors destinée à montrer sa virilité, mais d'une manière plus rassurante.

La notion d'addiction dans toutes ces stratégies, quelles qu'elles soient, est évidente : elle se situe dans le besoin vital de passer à l'acte, dans la nécessité de répéter le processus quand il est parvenu à son terme, dans l'envahissement de la vie quotidienne, la fragilisation de toute vie affective, dans le manque qui fait suite à toute conquête réussie, dans la perte de contrôle de soi... Telle est l'histoire de Thierry, célibataire, qui vient me voir pour un état de stress intense avec diverses somatisations qui l'ont déjà amené aux urgences pour douleurs thoraciques. Il présente également un problème d'alcoolisation et des troubles du sommeil, connaît une baisse de performance au travail, soulignée pour la première fois par son patron et dit ne plus avoir confiance en lui et dans ses capacités à relever la tête : « Tout s'y met, conclut-il, même l'affectif. Je me suis fait plaquer par une femme, c'est la première fois que ça m'arrive. D'habitude, c'est moi qui largue… Je ne supporte pas l'échec, je n'aime pas qu'on me fasse des réflexions, je sais me battre jusqu'au bout… Le but, c'est le challenge que je me donne. Et jusqu'à présent, je n'avais jamais rien raté… » La remise en cause de son travail et la rupture non contrôlée avec cette femme sont un signe de fragilisation de ses stratégies de contrôle et de maîtrise. Cet homme dans la trentaine a manifestement axé son existence vers l'accomplissement de buts à atteindre ; ne supportant ni la frustration ni l'échec, il lui faut de la réussite immédiate. L'élément primordial est l'excitation qui va accompagner le déroulement du défi. Tout son être est concentré sur cette performance, et plus le but à atteindre est difficile, plus il est excité : les résistances qu'il rencontre lui donnent du plaisir, la facilité d'un « oui » trop rapide l'ennuie.

Thierry développe un peu sa conception de sa vie affective, il m'explique qu'il n'a jamais pu se stabiliser dans la durée : il a eu de multiples partenaires de quelques jours à quelques mois, le temps de la conquête. Il se définit comme un dragueur sans que cela lui pose un quelconque problème. Il est assez fier de sa technique d'approche et de « capture ». Il joue de son regard, de sa façon de s'habiller, de son langage, de son comportement rieur et enjoué. Il est plus excité encore lorsque la femme se refuse à lui, car cela augmente son désir de la posséder. Le fait qu'elle soit liée à un autre partenaire est une autre source d'excitation forte. La relation sexuelle, en revanche, est secondaire, ce n'est pas qu'elle n'est pas agréable pour « le repos du guerrier », mais l'apaisement des tensions, après des semaines de séduction, peut chez lui très bien passer par des masturbations compulsives compensatoires.

Comme toujours tant que le mécanisme fonctionne, il n'y a pas de problème, il y a « nourrissage narcissique » grâce à l'atteinte des résultats et le contrôle des situations. Le drame apparaît en cas d'expériences de rejet conduisant à la perte de contrôle sur l'environnement : l'apparition de troubles anxieux, de conduites addictives (alcool) et de décompensation dépressive est alors systématique. En tout état de cause, un Don Juan est toujours seul ; il est un exemple type d'utilisation partielle ou totale de l'autre comme proie (la femme ou le sexe) pour masquer ses doutes sur lui-même et dissimuler un sentiment d'infériorité personnel. Déployer tous ses charmes et user parfois de son sexe permettent d'apaiser de manière compulsive des complexes d'infériorité et de vérifier sa capacité à être homme.

– ***Dans sa version féminine***. Le donjuanisme au féminin porte le nom de nymphomanie. Celle-ci correspond à la nécessité compulsive, parfois immédiate et sans contrôle, que certaines femmes peuvent avoir d'utiliser la séduction et le sexe pour collectionner les hommes. Même si on retrouve parfois, comme chez le dragueur, le besoin de passer à l'acte pour lutter contre une difficulté sexuelle (l'anorgasmie prend la place de l'impuissance éventuelle du Don Juan), le premier désir de ces femmes est avant tout d'ordre affectif. La quête première est la recherche d'amour et de sécurité, et

> c'est la peur de la perte d'amour et de reconnaissance qui amène le plus souvent à limiter la relation amoureuse à une relation de « prostitution affective » avec consommation d'hommes. Le sexe est donné en cadeau, la femme sachant bien que le sexe est le seul moyen d'avoir un semblant de reconnaissance et de trouver les « bras » d'un homme. La peur de la solitude, de la vieillesse figure également parmi les motifs de ces désirs compulsifs.

Chez les séductrices, le quotidien est rythmé par des stratégies de drague exercées sur l'entourage ou par la recherche de lieux de drague. L'envahissement, tant psychique (fantasmes, culpabilité, douleur morale) que physique (excitation, tension, stress), fragilise leurs rapports, provoquant une grande souffrance et un profond désœuvrement. La solitude est de mise là aussi, comme chez l'homme, elle est souvent vécue comme insupportable. Les femmes qui séduisent de façon compulsive font part généralement d'une incapacité à contrôler ce mode d'existence face aux autres, tout en mentionnant qu'elles ont conscience de se « salir ». Très peu d'entre elles en ressentent du plaisir, si ce n'est dans l'apaisement des tensions et dans le semblant de sécurité et de chaleur.

CHAPITRE 5

Le sexe comme objet de dépendance

Parler de paraphilies et de compulsions sexuelles, c'est entrer dans le domaine des déviances sexuelles et de l'hypersexualité. Nous sommes bien loin du coup de foudre et de la passion amoureuse, j'en suis conscient, mais il y a, ici aussi, dans un grand nombre de cas, de la souffrance et du désespoir[1].

La boulimie sexuelle (de *L'Empire des sens* au *Crash*)

Le lien existant entre déviance sexuelle et dépendance affective se situe dans le fait que le sexe et les sentiments, qui constituent d'ordinaire les bases de la structure conjugale de longue durée, sont utilisés comme des moyens de survie. Dans les dépendances affectives, les sentiments sont primordiaux pour exister à travers l'autre ; dans les dépendances sexuelles, le sexe est primordial pour donner sens à sa vie. Les deux peuvent évidemment se combiner dans la même relation.

Maryse, 23 ans, a été martyrisée dans son enfance ; elle se sent obligée, sans aucun recul, d'accepter toutes les propositions sexuelles même les plus dégradantes (échangisme, pratique sadomasochisme, rapports sexuels dégradants, prostitution), alors que ces comportements n'entrent pas du tout dans ses habitudes éducatives, culturelles et religieuses. Elle en ressent une très forte culpabilité et une profonde souffrance. Ses relations aux hommes ont toujours été ambivalentes, balançant entre le besoin de sécurité, de protection, et l'incapacité à trouver des solutions sexuelles plus apaisantes (elle ne rencontre que des modèles masculins violents). Quand Maryse ne se trouve pas dans des situations sexuelles « jouissives et destructrices », elle se renferme sur elle-même et verse dans des conduites de boulimie, d'automutilation. Elle a du mal à imaginer qu'il puisse exister d'autre fonctionnement sexuel que celui dans lequel elle baigne et qui s'accompagne de culpabilité et de dégoût de soi.

Dans les dépendances sexuelles, le sexe, symbole de plaisir, est utilisé, comme la nourriture chez une boulimique, pour autre chose que ce à quoi il sert d'ordinaire. Le mot « utiliser » convient parfaitement bien, puisqu'il est, dans les cas de dépendance, le remède à tout : il sert à apaiser, à se lâcher, à régler ses comptes avec l'autre, il renforce sur le plan narcissique… En fait, il est le médicament illusoire, comme le tabac pour les tabagiques ou l'alcool pour les alcooliques. Avec les dépendants sexuels, la quête de plaisir donne de la souffrance, la sexualité n'étant plus perçue comme un moyen de vivre une expérience érotique seul ou à deux, mais comme un but à répéter sans cesse pour obtenir, par le biais de l'autre, un soulagement toujours insatisfaisant.

Il est illusoire, faut-il le rappeler, de croire qu'une sexualité normale serait une sexualité toujours « efficace », sans panne ni échec, fondée sur la performance, l'efficacité et la réussite à tout prix. Mais de quelle réussite pourrait-il donc s'agir ? De la compétence mécanique, rassurante à court terme, mais « hygiénique » à long terme ? De la fusion des corps et des cœurs, sécurisante à court terme, mais angoissante à long terme ? De la libération fantasmatique illimitée, excitante à court terme, mais insatisfaisante à long terme ? De l'immédiateté passionnelle, explosive à court terme, mais douloureuse à long terme ? De l'intensité orgasmique, extraordinaire à court terme, mais frustrante à long terme ? La sexualité humaine ne peut être qu'imparfaite, puisque nous ne sommes que des êtres en devenir, en quête de solutions : une sexualité normale est toujours une sexualité à construire.

Vivre la sexualité et les rapports sexuels comme des expériences uniques, des moments à ressentir, des partages d'instants avec quelqu'un, c'est s'autoriser à intégrer la notion de « risque », risque que l'aboutissement de l'expérience soit le plaisir ou l'échec. Un être humain sait très bien que, s'il tend vers la recherche d'un plaisir plus intense, de bonheur, de joie, il doit passer par un long apprentissage de la communication amoureuse et érotique qui va bien au-delà de la « tuyauterie sexuelle » performante, vérificatrice d'une fonction sexuelle hygiénique[2].

D'ailleurs, s'il est normal d'avoir des pannes sexuelles, il faut savoir que celles-ci s'accentuent s'il y a enfermement dans des quêtes sexuelles éperdues, une recherche permanente de nouveauté ou de répétition de ce qui « marche » (les compulsions), véritable examen de passage avec, parfois, recherche du jugement de l'autre en fonction du résultat. Il serait plus judicieux de rechercher une sexualité, non pas parfaite, mais heureuse, une sexualité où le jeu érotique, l'excitation, le plaisir, l'orgasme, sont des « cadeaux » et aussi des moyens de communiquer de l'amour, de partager des émotions, plutôt que des buts à atteindre systématiquement, avec le spectre de la déception et de l'échec toujours en arrière-plan.

Paroles d'hommes et de femmes

« Je n'existe pas tout seul… » « Personne ne peut m'aimer… » « Il y a moins de risque à avoir des rapports sexuels sans amour… »

« Je passe ma vie à rechercher des partenaires qui font ce que je veux… » « Les femmes n'attendent que ça… » « J'ai des fringales d'amour et de sexe… »

« Si je ne faisais pas autant l'amour, je serais vide… » « Je ne suis bon à rien si je ne comble pas l'autre… » « Je sais tout de ce que l'autre veut… » « Les femmes commandent sexuellement… »

Le « tout pouvoir » des croyances sexuelles

Depuis, maintenant, des années que les patients me parlent de leurs compulsions sexuelles, je retrouve dans leur discours un certain nombre d'invariants qui permettent de mieux comprendre l'enfermement dans lequel ils se trouvent. Je me suis efforcé d'ordonner, par grands thèmes, ces croyances sexuelles[3]. Elles se divisent en cinq catégories : la sexualité, l'image et l'estime de soi, le partenaire, les relations, les besoins.

Dans tous les domaines, nous fonctionnons à partir d'un certain nombre de croyances remontant à notre enfance et façonnées par notre parcours de vie. Dans tous les domaines, nous avons des croyances « enfermantes » qui nous contraignent à répéter les mêmes erreurs et des croyances « ouvrantes » qui nous permettent de nous épanouir et de changer face à nos erreurs. La sexualité n'échappe pas à la règle : la part des croyances y est pareillement décisive dans

Les croyances au fondement des addictions sexuelles

La sexualité (qu'elle soit absente, excessive, anormale, positive, négative) :
– La sexualité est mon besoin primordial.
– Il n'y a pas de limite à l'épanouissement sexuel.
– Mon plaisir sexuel passe avant tout le reste.

L'image de soi, l'estime de soi, la perception de soi (qu'elle soit positive ou négative) :
– Je suis fondamentalement indigne.
– Je n'ai aucun pouvoir sur moi-même.
– Je n'existe pas si je suis seul.
– Je connais mes capacités sexuelles.

L'autre, la perception de l'homme et de la femme (qu'il soit absent, imaginé, consommé, idéalisé) :
– Je n'existe qu'à travers l'autre.
– L'autre ne pourra jamais m'apporter ce que je désire.
– C'est moi qui dirige l'autre.
– Plus l'autre est loin, plus je le veux.

Les relations (qu'elles soient absentes, totales, consommées) :
– Le désir naît de l'absence de relation.
– La fusion donne le maximum de plaisir.

Les besoins (qu'ils soient absents, extrêmes, incontrôlables) :
– L'autre doit obligatoirement avoir besoin de ce que je lui donne sexuellement.
– Tout frein à mon plaisir est dommageable à mon équilibre.
– Mes besoins dépendent de l'autre.
– Seules les sensations fortes donnent du plaisir.

la mise en place et le déroulement de nos comportements. Ce qu'il y a de sûr, c'est que plus nos croyances seront rigides, étroites, extrêmes, sans critique (« c'est comme ça ou rien ») et plus le risque de souffrance, de « bavure », d'incompréhension, d'isolement et de dépendance sera grand.

La sexualité étant créatrice de lien au même titre que l'attachement ou le soin dans la relation à l'autre, on peut comprendre que les personnes anxieuses évitantes, ambivalentes ou secure ne développent pas les mêmes comportements sexuels. Ainsi, les évitants auront plus souvent des relations sexuelles en l'absence de sentiment et auront plus tendance à multiplier le nombre de partenaires (simultanément ou au cours de la vie) ; ils adopteront des pratiques sexuelles plus libérales, caractérisées par des relations multiples, superficielles et de courte durée. À l'inverse, les secure auront fréquemment une activité sexuelle plus structurée associant sentiment, sexualité et engagement de longue durée. Quant aux ambivalents, ils trouvent généralement plus de plaisir dans la tendresse que dans les comportements purement sexuels.

Comme pour les dépendances affectives du chapitre précédent, nous allons, avec les dépendances sexuelles, nous retrouver souvent à la limite du normal et du pathologique. En étudiant les systèmes de croyances qui sous-tendent la notion de normalité sexuelle et la notion de normalité affective, nous comprenons mieux les raisons d'utilisation du sexe, de l'affectif et du partenaire dans l'établissement du lien.

Ce n'est sans doute pas un hasard si les dépendances affectives touchent davantage les femmes et les dépendances sexuelles davantage les hommes. Dans les consultations en sexologie, ce sont majoritairement les hommes qui se plaignent de problèmes sexuels et les femmes de difficultés affectives. Pour autant, faut-il faire un lien entre les plaintes sexuelles ordinaires et l'addiction sexuelle ? Non, car les hommes présentant des troubles sexuels comme l'impuissance ou l'éjaculation précoce n'ont pas plus que les autres de comportements compulsifs ; parfois, c'est même l'inverse : la peur de l'échec entraîne chez eux une forte inhibition. En revanche, ce qui est vrai, c'est que les hommes ayant des compulsions sexuelles ont aussi, dans plus de 80 % des cas, des difficultés sexuelles.

Le règne de la déviance : les comportements sexuels « anormaux »

Les déviances sexuelles, ou paraphilies, peuvent être décrites comme des impulsions sexuelles et des fantaisies imaginatives sexuellement excitantes, répétées, intenses, envahissantes, qui perturbent et isolent, empêchant toute intimité sexuelle et toute réciprocité affective (DSM-IV). Toutefois, pour être qualifiés de paraphiliques, ces comportements doivent exister pendant au moins six mois, entraînant un désarroi et une altération du fonctionnement social, relationnel, tant professionnel qu'affectif. Le passage à l'acte doit être obligatoire et l'accoutumance, qui survient rapidement, nécessite d'augmenter la « dose » pour augmenter l'effet. Le syndrome de manque est nécessairement présent dès que l'acte est impossible, accentuant l'excitation et le risque de l'acte. Les actes paraphiliques sont dirigés vers des personnes non consentantes (partenaire, enfant, autre sexe...) mais aussi des objets, dans le seul but d'assouvir l'excitation.

Certains déviants sexuels vivent dans la recherche exclusive de leur plaisir sans contrainte et souvent sans culpabilité ; en revanche, d'autres, et ce sont ceux-là qui entrent dans le domaine des dépendances, se situent à la marge de l'addiction et de la déviance. Chez eux, on retrouve la culpabilité douloureuse, la répétition « boulimique » de l'acte, l'accrochage au symptôme, la perte insupportable de contrôle, la souffrance face au manque, qui sont caractéristiques de l'addiction, quelle qu'elle soit.

Un déviant sexuel, présentant un profil dépendant, se nourrit de son fantasme et de son passage à l'acte ; c'est, pour lui, le seul et unique moyen d'assouvir son plaisir. De temps à autre, il peut recourir à plusieurs conduites paraphiliques, qui auront toutes le même but : le soulagement de la tension sexuelle[4]. Il arrive que l'excitation soit première et indépendante des circonstances et de l'état psychique. Dans d'autres cas, en revanche, le passage à l'acte ne survient que de manière épisodique, sous l'influence du stress ou dans les moments conflictuels. Il sert d'apaisement face à une tension, de réassurance devant une image de soi dévalorisée, ou s'inscrit dans une quête d'amour : on est alors très loin du défouloir sexuel des pervers.

Les paraphilies sont plus fréquentes chez les hommes que chez les femmes et débutent, pour plus de la moitié, avant l'âge de 18 ans. Leur développement semble, dans certains cas, lié à des expériences traumatiques, survenues de façon précoce dans l'enfance, qui conditionnent à répéter ces actes très chargés émotionnellement (antécédents d'abus sexuel, par exemple), mais d'autres contextes doivent également être mentionnés, comme l'imitation de personnes ayant commis des actes paraphiliques ou la reproduction de comportements sexuels décrits par les médias. Quand les fantasmes paraphiliques, présents très tôt chez l'enfant, ne sont ni découragés ni inhibés par l'entourage, il est probable que les émotions ressenties, les expériences renforçatrices et les croyances facilitatrices aident à la mise en pratique, jusqu'à ce qu'un événement de vie serve de rappel à la loi morale, sociale ou personnelle.

René a 37 ans ; il recherche tous les jours des endroits susceptibles de l'amener à pouvoir s'exhiber, montrer son sexe en érection. Il est dans l'incapacité de se fixer une activité professionnelle stable tant il est perturbé par la mise en pratique compulsive de son exhibition. Il a une très mauvaise image de lui-même et aimerait pouvoir reconquérir sa femme. Il se dit frustré par elle, peu intéressée par le sexe. Il a déjà eu plusieurs problèmes avec la justice. Nous retrouvons là le besoin pulsionnel de s'exhiber, le passage à l'acte amenant excitation, tension et soulagement lors de la mise en acte ; la culpabilité secondaire était très présente, le risque médicolégal réel.

Il y a quelques années, j'ai aussi été amené à voir en consultation, pour obligation de soin, Christophe, 24 ans, plusieurs fois arrêté et condamné pour être entré sans effraction dans des domiciles privés. Ce jeune homme souffrait d'un besoin impérieux, au hasard de ses déambulations nocturnes, de pénétrer chez des particuliers. Il n'y avait aucune violence, sinon celle, bien compréhensive, des habitants des lieux lorsqu'ils étaient réveillés par la présence de cet inconnu qui les regardait dans leur chambre à coucher.

Le but de ses visites nocturnes était toujours le même : aller dans la chambre, déceler dans l'obscurité la femme endormie dans son lit, imaginer son corps nu sous les draps ou les couvertures. Il n'y avait chez Christophe aucun désir de passage à l'acte sexuel. S'il trouvait des sous-vêtements, il les prenait. Ensuite, il quittait les lieux. Son apaisement nécessitait plusieurs visites nocturnes au cours d'une même nuit. Quand il rentrait chez lui avec sa collection de lingerie destinée à assouvir son fantasme de femme inanimée, il se masturbait, mais ce n'était pas systématique.

Christophe décrivait ce besoin de visite comme une envie brutale, compulsive et impérieuse, totalement incontrôlable,

Les grandes déviances sexuelles (CIM10)

– **Le fétichisme**, où un objet inanimé quelconque, un fétiche, est la source la plus importante de stimulation sexuelle ou bien est essentiel pour obtenir une réponse sexuelle satisfaisante.

– **Le transvestisme fétichiste**, où le port de vêtements du sexe opposé a pour but de créer l'apparence et de donner l'impression qu'on appartient à l'autre sexe. Le changement vestimentaire est étroitement associé à l'excitation sexuelle. En revanche, une fois l'orgasme atteint et l'excitation sexuelle retombée, le désir immédiat est de se débarrasser (pour un temps) des vêtements.

– **L'exhibitionnisme**, où la tendance, récurrente ou persistante, est d'exposer ses organes génitaux devant des étrangers, en général du sexe opposé, pris au dépourvu par ce comportement. L'acte d'exhibitionnisme est habituellement associé à une excitation sexuelle et à la masturbation. Il n'y a ni besoin ni tentative d'avoir des rapports sexuels avec les « témoins ».

– **Le voyeurisme**, où la tendance, récurrente ou persistante, est d'observer des personnes en train de se déshabiller, d'avoir des rapports sexuels ou de se livrer à d'autres activités intimes ; l'acte de voyeurisme est habituellement associé à une excitation sexuelle et à la masturbation. Le besoin de révéler sa présence est absent, et il n'y a pas recherche de rapports sexuels avec les personnes observées.

– **La pédophilie**, où la préférence persistante ou prédominante porte sur une activité sexuelle avec des enfants prépubères. Le sujet est âgé de 16 ans au moins et a, au minimum, cinq ans de plus que les enfants.

– **Le sadomasochisme**, où la préférence est orientée vers une activité sexuelle en tant qu'objet (masochisme), en tant qu'exécutant (sadisme) ou les deux à la fois (sadomasochisme). Il y a nécessairement ou douleur ou humiliation ou asservissement. L'activité sadomasochiste est la source la plus importante de la stimulation ou bien est nécessaire à la satisfaction sexuelle.

Il existe d'autres paraphilies, moins fréquentes mais tout aussi pathologiques comme le frotteurisme (se frotter à autrui dans des endroits publics bondés à la recherche de stimulation sexuelle), la zoophilie, la nécrophilie, l'utilisation de la strangulation ou de l'anoxie pour augmenter l'excitation. Quand elles remplacent les contacts sexuels habituels, les compulsions masturbatoires associées à des pratiques plus exceptionnelles, comme l'introduction d'objets dans le rectum, l'urètre, ou l'auto-strangulation partielle, entrent aussi dans la catégorie des paraphilies.

après une période de résistance inefficace. Ses nuits n'étaient pas calmes, mais parasitées par des ruminations culpabilisantes et honteuses sur lui-même et ses actes. Ses journées, surtout le week-end, étaient faites de grands moments de solitude, avec, par périodes (moments d'ennui, de révolte, d'angoisse, d'échec), des fantasmes envahissants où il s'imaginait avoir des rapports sexuels avec des femmes inanimées, endormies. Jamais, dans ses fantasmes, les femmes n'étaient actives, il n'y avait aucune réciprocité dans le jeu amoureux et érotique. Dans ses errances diurnes, en particulier l'été, il se promenait à la recherche de sous-vêtements féminins mis à sécher dans les jardins ou sur les balcons. Il épiait aussi les fenêtres au cas où… Pour le reste, Christophe travaillait comme responsable de rayon dans un supermarché, sans problème particulier, sinon une grande difficulté de contact avec les employées femmes et les hommes extravertis. Il n'avait pas d'amis(es) et n'avait jamais eu de rapport sexuel ou de vie amoureuse, sinon dans ses rêves.

Le piège s'est refermé progressivement avec la mise en place d'un cycle de répétitions compulsives. La vie que Christophe s'est construite repose désormais tout entière sur son voyeurisme la nuit et son isolement fantasmatique. Le plaisir du regard, avec évitement du toucher, suffit à son excitation (peut-être parce qu'il ne connaît pas autre chose), en même temps qu'il l'enferme dans son cycle. La peur des femmes, qui est l'origine de l'évitement de tout contact, le conduit à répéter la pratique du voyeurisme et du fétichisme. L'excitation physique et fantasmatique qu'il éprouve grâce à cette pratique lui permet de compenser mais maintient le symptôme en renforçant l'évitement.

Cette fuite des contacts se retrouve dans d'autres domaines, notamment le domaine professionnel. À part un collègue un peu plus âgé qui se comporte en grand frère avec lui, Christophe n'a aucun contact avec les autres salariés ou avec ses supérieurs hiérarchiques. Sur le plan familial, ses relations avec sa mère, seul membre réellement présent et qui essaie de l'entourer, laissent peu de place aux démonstrations d'affection. Quand elle parle de son fils, dont elle ignore totalement les frasques, cette femme évoque un être fragile, anxieux, inquiet et peu bavard… Christophe aime la voir régulièrement le week-end ; ils déjeunent ensemble, ce qui semble l'apaiser dans ses crises et avoir pour effet de différer ses passages à l'acte. L'image du père, aussi, sert de renforcement positif dans le cycle des crises. Décédé alors que Christophe avait 10 ans, il est encore très présent comme repère. Le souvenir d'une personne peu affectueuse, mais dynamique, juste, droite, s'impose à chaque fois qu'une crise commence, comme une alarme punitive.

Dans son passé, Christophe a toujours vécu assez seul. Sa scolarité a été moyenne, malgré de réelles possibilités, mais la peur panique du regard des autres, notamment la peur de rougir, la peur du ridicule et la peur du jugement, l'ont vite amené à éviter toute situation de confrontation à autrui (école, examen oral, sport…). L'établissement de relations amicales, l'approche des filles et l'apprentissage de la sexualité en ont été fortement contrariés. D'où très tôt, une compensation masturbatoire effrénée, pluriquotidienne, accompagnée de rêveries et de fantasmes. Déjà à cette époque, son père apparaissait dans ses débordements masturbatoires… L'histoire de Christophe montre bien comment la compulsion peut remplacer la relation.

Les comportements sexuels « excessifs »

Les addictions non paraphiliques forment l'autre grande catégorie de dépendance sexuelle. Dans une définition restrictive, elles regroupent des comportements mal définis, mais présentant tous des schémas répétitifs de comportements sexuels où les partenaires se succèdent mais n'existent qu'en tant qu'objets à utiliser. Ces comportements sont parfois décrits comme des fantasmes stimulants tolérés, voire approuvés socialement, mais si importants en fréquence ou en intensité qu'ils empêchent ou, du moins, limitent toute possibilité de relation sexuelle affectivement réciproque. Elles se distingueraient donc des paraphilies dont nous venons de parler par le fait qu'elles ne témoignent pas d'une préférence sexuelle déviante par rapport aux pratiques culturellement admises de stimulation sexuelle[5].

La critique qu'on peut faire à une telle définition est qu'elle met en avant un paramètre quantitatif pour différencier le normal du pathologique. Or, dans les consultations, ce qui paraît le mieux caractériser l'anormalité, c'est moins la fréquence ou l'intensité que le but de la conduite sexuelle, l'utilisation de l'autre sans son consentement, le caractère incontrôlable de la pulsion et l'envahissement de la vie quotidienne[6]. Pour ma part, je préfère donc inclure aussi dans les addictions sexuelles non déviantes la masturbation compulsive, la dépendance à des formes anonymes de gratification sexuelle (pornographie, Internet, téléphone rose), la dépendance à la drogue pour obtenir un plaisir sexuel, l'utilisation compulsive d'accessoires sexuels (godemichés, vibrateurs) ou encore la recherche multipliée de rapports sexuels avec son conjoint ou de partenaires (prostituées).

Claude, 47 ans, divorcé, est un homme de challenge dans son travail, toujours en recherche de reconnaissance et de valorisation. Il ne peut s'empêcher de sortir toutes les nuits à la recherche de sex-shop, de distributeur vidéo afin de louer des cassettes et des revues pornographiques pour assouvir son excitation par une masturbation immédiate même avant d'être rentré chez lui. Si sa recherche est infructueuse, il remplace sa frustration par une importante prise d'alcool. Sa relation aux femmes a toujours été difficile, celles-ci ont toujours été à l'origine des ruptures.

Michel, 28 ans, marié, se plaint de masturbation extrême sans contrôle possible 4 à 5 fois par jour, rythmant sa vie quotidienne, en cachette de sa partenaire. Il recherche une excitation sans fin. Cette conduite ne peut être arrêtée qu'après apparition de douleurs à la verge. L'éjaculation n'est pas systématique. Malgré une sexualité conjugale qu'il considère convenable pour lui, le besoin masturbatoire est incontrôlable, quasi permanent, à la recherche d'une excitation suffisamment forte, pour l'amener à vivre une expérience orgasmique et un apaisement mental et physique toujours plus intense (véritable shoot). Il s'aide, parfois, de ses fantasmes, de vidéos, quoique pour lui tout support peut être prétexte à s'exciter.

Quel que soit le scénario choisi par le dépendant sexuel, son comportement présente toujours les caractéristiques suivantes :

- Incapacité à établir une relation sexuelle saine et gratifiante avec un partenaire.
- Recherche d'un état mental similaire à celui décrit par les toxicomanes et différent de celui qui est vécu au cours d'un orgasme sexuel normal.
- Promesse d'arrêt à la suite de la conduite compulsive inefficace, qui enferme toujours un peu plus dans la perte de contrôle et la satisfaction du besoin.
- Négligence de plus en plus grande du milieu familial, de l'activité professionnelle, des relations sociales.
- Déni pour défendre ou même justifier les comportements, qui cache, en fait, une forte culpabilité[7].

Paroles d'hommes et de femmes

« Cela me bouffe la peau… » « J'existe si je contrôle la sexualité et le plaisir de l'autre… » « Je ne suis jamais rassasié… » « Je suis pris par mon corps… » « C'est plus fort que moi… » « Je n'y peux rien, cela dépasse ma volonté… » « Je suis incapable de me contrôler… »

J'ai soulevé ailleurs[8] le problème du risque moralisateur qui peut être associé au diagnostic et au traitement des dépendants sexuels. Nous sommes, en effet, devant des situations très fréquentes, des scènes banales de la réalité ordinaire. Si, dans différentes études, il est apparu que seulement 5 % environ de la population standard présentait des conduites d'addiction sexuelle, on peut en vérité, et sans aucune hésitation, multiplier ce chiffre par 5 ou 10. L'être humain aime transgresser les interdits et essaye, quand il le peut, de renouveler sa sexualité. Pas plus que l'utilisation de références sexuelles autres que celles communément admises en Occident, l'utilisation excessive d'un comportement sexuel standardisé ne suffit à parler de pathologie ou de dépendance. Pour pouvoir évoquer une dépendance, il faut absolument une vraie boulimie de fantasmes, de comportements masturbatoires ou de rapports sexuels, autocentrés sur soi dans un isolement affectif parfois total. Comme chez cet homme qui raconte : « J'allais me faire draguer dans les boîtes ou bien j'utilisais le téléphone rose et Internet pour me donner l'impression que j'avais un réseau de relations, un environnement riche qui pensait à moi. En fait, j'étais seul, je n'avais même pas besoin de me masturber ou d'avoir des rapports sexuels ; seul comptait le nombre de personnes que je côtoyais. »

La question de la place de l'autre et essentielle dans les dépendances sexuelles. Quand il est présent, il n'a qu'une place partielle, réduite à « l'objet » qu'il représente. Quand il est absent, par peur, par évitement ou par désintérêt, il nourrit l'imaginaire du compulsif et lui confère un pouvoir sexuel magique. Dans tous les cas, que l'autre soit fantasmé ou réel, total ou partiel, il sert à remplir un besoin, ni plus ni moins. Aucune relation affective mature ne peut s'établir sur des bases aussi parcellaires.

Dans les couples où l'un des partenaires est dépendant sexuellement, il arrive, pour toutes sortes de raisons, que le conjoint ne découvre que tardivement les agissements de l'autre : la rupture est alors systématique. Dans d'autres cas, le conjoint, par déni de la réalité ou par peur des conséquences, va tout faire pour ne pas voir : c'est notamment le cas des couples qui se sont construits autour d'une problématique d'addiction commune. En effet, les associations ne sont pas rares entre dépendants : un paraphilique peut s'unir à un compulsif sexuel (mari fétichiste, femme souffrant de masturbation compulsive) ou à un autre paraphilique (couple sadomasochiste, couple voyeuriste-exhibitionniste) ou un compulsif sexuel se mettre en ménage avec un compulsif d'un autre ordre (mari compulsif sexuel, femme boulimique ou alcoolique). Ce phénomène est d'autant plus compréhensible que les conduites addictives peuvent varier en fonction des circonstances, voire exister de manière concomitante.

Il existe comme dans certaines formes de dépendances chimiques avec l'alcool ou la drogue par exemple une sensibilité familiale. Les conjoints des compulsifs ou « codépendants » sont en général issus de familles dysfonctionnelles où ils ont acquis certaines croyances fondamentales qui les ont menés vers une estime d'eux-mêmes diminuée. Ils peuvent finir par croire qu'ils sont moins que rien, qu'ils ne peuvent pas être aimés pour eux-mêmes, qu'ils peuvent manipuler et être responsables des autres et que le sexe est le signe le plus important de l'amour.

On a souvent abusé des conjoints des dépendants sexuels pendant leur petite enfance, et de ce fait le sexe se révèle être pour eux synonyme de peur et confusion. Ils ont tendance à être attirés par des individus présentant des carences, ce qui est le cas de la plupart des dépendants. Les codépendants ont en général peur d'être abandonnés, ne peuvent souvent pas imaginer la vie sans leur conjoint et, de ce fait, acceptent des comportements que des personnes équilibrées ne supporteraient pas.

Un certain nombre de ces codépendants ont peur de refuser les rapports sexuels ; d'autres se servent du sexe à des fins de contrôle et de manipulation. Les individus qui ont un conjoint codépendant qui préfère d'autres plaisirs sexuels (c'est-à-dire, masturbation compulsive, recours aux prostituées) peuvent passer des années sans rapports sexuels, souvent au grand dam de leur santé mentale. Comme le compulsif n'a de rapport qu'avec son obsession, le conjoint ne peut que se sentir diminué et rejeté. Bien souvent le codépendant endosse la responsabilité de la discorde conjugale et essaie en vain d'y remédier.

Louis, 42 ans, vient me voir en consultation pour une demande psychothérapique. Il met en avant des difficultés personnelles, un problème d'alcool qui s'accentue depuis un an, mais aussi une incapacité à se stabiliser sur les plans professionnel et affectif. Il raconte en particulier comment il est perturbé par des besoins sexuels intenses, avec désir impérieux de se soulager par de fréquentes masturbations – en moyenne 6 à 8 fois par jour. Cette pratique excessive l'a amené à plusieurs reprises en consultation d'urologie pour différentes pathologies locales : inflammation, infection et même fissure du frein du gland.

Commercial dans une entreprise d'informatique, Louis est amené à effectuer seul de longs trajets en voiture ; le soir, il dort à l'hôtel ; il ne rentre chez lui que le week-end. C'est surtout en semaine qu'il est envahi par l'envie de se masturber. Chez lui, le rôle de la masturbation n'est pas l'excitation sexuelle, mais l'éjaculation qui le soulage. Certains moments sont évidemment plus propices que d'autres à cette activité : le matin, le midi, les pauses qu'il fait dans la journée, les longs trajets en voiture, les moments de solitude le soir. Certaines situations types servent de stimulant à ses masturbations. Cette stimulation qui fait naître une envie immédiate est tantôt extérieure (femme courtement vêtue dans la rue, publicité à la TV), tantôt déclenchée par lui-même s'il y a ennui, fatigue, colère, rêverie intérieure. Lorsque les stimulants internes et externes ne suffisent pas, Louis recourt aux films X, à Internet ou se rend dans un sex-shop. Cette recherche masturbatoire, par le défoulement éjaculatoire qu'elle procure, lui permet de mieux travailler, de reprendre contact avec les activités qu'il avait interrompues ; elle apaise aussi son sommeil. Quant à l'alcool, sa principale fonction est de l'accompagner dans ses expériences sexuelles, rendant la jouissance encore plus rapide et encore moins contrôlable.

Les conséquences de ce mode de vie ont évidemment fini par se faire sentir au travail (état d'alcoolisation prononcé en réunion, oubli de clients) et à la maison. Louis raconte que son couple a de gros problèmes de communication et des difficultés sexuelles qui se sont renforcées à la naissance de leur enfant, il y a six ans. Il précise toutefois qu'il avait des compulsions masturbatoires avant sa vie de couple.

Sur quoi portent les conflits conjugaux dans ce couple ? Pas sur la conduite masturbatoire, même si celle-ci a favorisé l'isolement. Louis focalise ses plaintes sur le caractère agressif et sur le laisser-aller physique de sa femme qui a pris dix kilos en deux ans et néglige complètement sa féminité : « Elle préfère grignoter et bouffer, explique-t-il. » De son côté, Brigitte, sa femme, lui reproche ses silences, sa distance et son manque d'investissement dans son rôle de père et de mari. Leur sexualité est pauvre : quelques rapports hygiéniques au cours desquels elle se montre, dit-il, très demandeuse de pénétration. Elle est peu encline à la douceur et aux câlins, alors qu'il a, lui, désespérément besoin de caresses et de préliminaires. Il présente des troubles de l'érection et une éjaculation rapide corrigée par l'alcool, ce que lui reproche Brigitte.

Leur mariage remonte à une vingtaine d'années ; c'est Brigitte, très investie affectivement dans leur relation, qui a insisté pour qu'ils se marient. Après une période d'aventures et de grande consommation sexuelle, elle était ravie d'avoir rencontré un homme tendre, calme, gentil, autonome et brillant intellectuellement. Elle voulait de la solidité et de la sécurité. Très à l'aise avec sa sexualité depuis son adolescence, elle était longtemps passée de copain en copain. À chaque rupture, elle trouvait immédiatement un autre amant ou faisait, pendant quelques semaines, des épisodes boulimiques avant de se remettre enfin en couple. Louis n'avait jamais eu ce genre d'addiction, puisqu'il n'avait aucun passé amoureux ; Brigitte était sa première femme ; elle lui offrait son premier couple et ses premiers rapports sexuels. Ses problèmes d'érection et d'éjaculation sont apparus tout de suite.

Louis s'est toujours vu comme quelqu'un d'anxieux, de timide, doutant de tout et, surtout, de lui-même. Adolescent, il manquait de confiance dans ses capacités intellectuelles ou était complexé par la taille de son sexe qu'il considérait, à tort, comme non réglementaire. Il avait du mal à créer des relations amicales, particulièrement avec le sexe opposé. Ayant reçu une éducation stricte de la part d'une mère peu maternante et peu féminine, car obèse, les compulsions masturbatoires auxquelles il se livrait déjà à l'époque le culpabilisaient terriblement.

CHAPITRE 6

Sexe et sentiments : les raisons de l'enfermement

J'ai souligné à plusieurs reprises, que la dynamique humaine nous obligeait, en permanence, à nous adapter à nos propres exigences comme à notre environnement. Nous sommes également obligés de composer avec notre histoire, de nous résoudre à nos cicatrices, de tenir compte de l'avenir qui nous attend. Cette exigence d'adaptation permanente oblige à trouver des réponses qui ne sont pas, loin s'en faut, des solutions définitives, mais plutôt des ajustements. Parmi les réponses possibles, il y a les dépendances, moyens plus ou moins artificiels de s'accrocher à la vie ou de « jouer » avec le risque. L'histoire de Paule est instructive de ce point de vue. Écoutons-la.

« Pourquoi je ne sais pas repousser un homme lorsque celui-ci est attiré par moi et qu'il n'y a pas de réciprocité ? La plupart du temps, ce sont des relations malsaines, où le physique prime, avec des hommes déjà "pris". Je suis alors obligée de vivre une relation sans sentiments. Je me rends compte de la manipulation, de l'emprise sur moi. Je ne peux pas lutter contre. Je me dis que c'est la dernière fois, mais cela revient. Je suis paumée, parce que, d'un côté, je me sens femme, et il est normal d'être de temps à autre attiré par un homme, mais, d'un autre côté, j'ai peur, car j'ai toujours l'impression que l'attirance n'est que physique, malsaine. Le fait de ne pas riposter aux avances me rend malade, je me sens nulle de ne pas pouvoir agir contre, ne pas pouvoir changer mon comportement.

J'ai quelquefois accepté des relations sans envie, par peur de dire non, y compris avec différents partenaires la même semaine. Sans plaisir je me laissais faire pour leur plaisir à eux. Quels sentiments avaient-ils pour moi ? Aucun… J'étais assaillie de remords ensuite, mais les jours passaient, j'oubliais et je faisais d'autres rencontres qui se terminaient de la même façon. Du jour où mon passé a resurgi, j'ai compris que je vivais sous l'influence des repères faussés de mon enfance.

Lorsqu'un homme a envie de moi, si j'arrive à avoir du plaisir et c'est très rare, je m'en veux puisque je n'ai pas de sentiments pour lui : je me sens "s…" de m'être laissé faire. Si je n'éprouve rien, c'est encore pire, j'ai l'impression de m'être donnée comme ça… Malgré tout, je suis attirée par le sexe, parfois obsédée, j'en rêve. Des fantasmes de relations à plusieurs de plus en plus abusives… Quelquefois, je ne pense qu'à cela, avoir un rapport sexuel ; cela prend des proportions énormes, j'y pense constamment et mes envies deviennent de plus en plus impérieuses.

Juste après mes abus sexuels, alors que j'étais toute petite, je n'arrêtais pas de me masturber, 3 à 4 fois par jour, parfois n'importe où et n'importe quand, c'était de la folie, même en classe.

C'est comme si j'avais été "pervertie" par celui qui a sali mon corps, comme s'il avait mis en marche une machine infernale que je ne contrôlais plus, avec de l'excitation et du dégoût en même temps. La "petite" Paule a dû croire que j'étais de la même trempe que le salaud, que j'étais aussi sale que lui, qu'elle devait faire comme lui. Maintenant, je suis "grande", je me rends compte de l'acte, cela me bouffe, me rend honteuse, je pleure, mais je ne peux rien faire, c'est affreux. »

Que recherchent le compulsif sexuel et le dépendant affectif ?

➤ *Calmer une angoisse, une tension*

Marie est suivie depuis plusieurs années pour des TOC, des phobies et des troubles somatiques. Elle décrit des peurs de mort, de maladie et de dégradation physique ; elle dit aussi avoir peur de perdre ses enfants, son mari.

« Je contrôle mes symptômes tant que je ne suis pas angoissée, que ma vie est riche et pleine, que je suis en action… Mes symptômes reviennent quand je ne me sens pas à la hauteur, ou rejetée, quand je panique parce que je suis seule. Mes enfants et mon mari m'appartiennent, je ne veux pas qu'ils grandissent, ils remplissent ma vie, ils sont à moi. Dès que je stresse, j'ai besoin de me faire mal. J'éclate mes boutons d'acné, je me masturbe, je mange, je fais du sport pour avoir des courbatures : pour moi, tout cela veut dire que j'existe. Mon mari est une drogue pour moi ; j'ai besoin de lui ; il me cadre, il m'empêche de faire n'importe quoi… c'est mon repère. Quand j'en ai besoin, il me prend dans ses bras, il ne faut pas qu'il fasse autre chose que cela. Je ne veux pas de sexe, j'ai honte, je suis bloquée. »

Margaux, célibataire, a une relation affective, mais discontinue, avec un homme marié. Elle n'a jamais pu se stabiliser dans une relation suivie, à ses yeux, monotone et angoissante. Elle préfère l'intensité des moments courts, mais forts ; cela la calme et l'apaise. La routine du quotidien l'effraie, elle aurait trop peur d'être trompée.

Frédérique, mariée, sans enfant, a peur du regard et du jugement des autres. Cette phobie sociale est source pour elle de rejet et d'abandon. Au travail, elle a des conflits avec une collègue qui joue au « petit chef », ce qui accentue son manque de confiance en elle. De retour chez elle, si elle sait qu'elle va devoir rester toute seule pendant une ou deux heures, elle s'adonne, dans un rituel répétitif, à des conduites masturbatoires, comme d'autres auraient des crises boulimiques. Elle se sent apaisée après, mais toujours très coupable. Si son mari rentre plus tôt du travail, les séances de masturbation ne sont plus nécessaires : elle multiplie les demandes affectives, réclame des gestes et des mots d'amour. L'utilisation boulimique de la présence de son mari lui permet de trouver le calme face à ses angoisses de rejet et d'abandon. Si son mari se montre distant, la panique la saisit : il y a, soudain, de nouveau, trop de vide, trop d'espace à combler, trop de solitude.

L'utilisation de l'alcool, du tabac ou de la nourriture, pour calmer l'angoisse, quelle que soit son origine, est d'une grande banalité. Dans d'autres cas, moins fréquents ou moins connus, c'est la masturbation compulsive ou le besoin boulimique de l'autre qui joue ce rôle. Ce qui est recherché est de la même façon l'effet relaxant de l'objet addictif ainsi que l'évitement à la confrontation angoissante.

➤ *Se faire souffrir, se punir*

Sylvie a subi entre l'âge de 4 ans et de 13 ans des viols répétés, d'abord avec le fils de sa nourrice, puis avec un de ses oncles. Elle dit aujourd'hui de son enfance qu'elle a été silencieuse et sacrificielle, en ce sens où personne n'a cru bon, à l'époque, d'écouter ses plaintes, de prendre en compte sa détresse. Le refus de ses parents et de ses sœurs aînées de la croire ou même simplement de l'écouter a amplifié son dégoût d'elle-même (« puisqu'ils ne me croient pas, c'est que c'est faux »). Elle s'est logiquement jugée coupable : coupable de faire des histoires et coupable de faire de la peine alors que ses parents avaient bien d'autres problèmes à régler. Plus elle a grandi, plus elle s'est sentie incapable d'aller vers les autres et de se faire aimer. Sont apparus progressivement des comportements compulsifs d'ordre sexuel, véritables passages à l'acte pour se punir : dragues sexuelles répétées, actes proches de la prostitution, conduites sexuelles dégradantes dans des situations déplorables (échangisme, drogue, alcoolisation).

Son image en tant que jeune femme a fini par correspondre à celle que son milieu familial lui avait donnée d'elle-même (« je ne mérite pas mieux, je ne vaux rien, c'est de ma faute »). Pour sortir de cet engrenage, il lui a fallu d'abord comprendre qu'elle devait se pardonner son incapacité, bien normale, à n'avoir pas pu régler ses problèmes toute seule et comprendre qu'il était normal qu'elle n'avait pas envie de pardonner à ceux qui lui avaient fait du mal. La prise de conscience que le choix de ses partenaires était en rapport avec son histoire a également été déterminante. Elle a pu alors cesser d'aller vers des hommes qui la salissaient et la confirmaient dans son dégoût d'elle-même, ou bien des hommes « paternants » qui la protégeaient, mais l'empêchaient de devenir une femme ou encore des hommes très fragiles avec qui elle pouvait se venger de son passé.

La recherche de la punition et de la souffrance dans l'utilisation de conduites sexuelles dégradantes et dans le choix, non hasardeux, de tel ou tel type de partenaire est souvent incompréhensible. C'est sans compter sur la force des scénarios dévalorisants que tout enfant met en place quand il est confronté au silence et au doute. La culpabilité est omniprésente et peut durer des années. Seul le pardon soulage, mais pas n'importe quel pardon, pas le pardon de l'autre, non, le pardon de soi-même pour n'avoir pas pu être l'enfant parfait qui aurait dû tout comprendre et tout gérer parfaitement, malgré son âge.

➤ *S'estimer, se valoriser*

Denis collectionne les partenaires à des fins narcissiques ; la sexualité est secondaire à ses yeux, il ne s'en sert que pour conquérir une partenaire. Son besoin de plaire, d'être aimé, de séduire est permanent. Il recherche un retour positif de la part de ses conquêtes, pour satisfaire un désir éperdu de reconnaissance et de valorisation de soi. Il ne se juge bon amant que s'il s'est senti utile à sa partenaire et s'il a l'impression qu'elle lui en sera éternellement reconnaissante. Denis ne supporte pas les ruptures et essaye à tout prix de garder des contacts avec ses aventures passées. Il est très excité par son carnet d'adresses qui s'étoffe de plus en plus. Comme un animal, il marque son territoire de séducteur.

Michel collectionne les rapports sexuels, il recherche la performance et l'efficacité de son « matériel sexuel ». Il veut faire ses preuves dans n'importe quelle condition dans un fantasme absolu d'« amant multicarte ».

Virginie accepte tout de son mari. Elle a tellement besoin d'être aimée et reconnue, d'avoir de l'importance aux yeux de son mari qu'elle accepte des pratiques sexuelles qu'elle estime dégradantes : rapports sadomasochistes, échangisme, exhibitionnisme, rôle dans des films pornographiques amateurs... Elle n'a la conviction d'exister vraiment que si elle est un être désirable.

Prendre le sexe pour un tout et prendre une conquête pour une vie, voilà des objectifs qui, s'ils réussissent, apportent des doses de narcissisme « en perfusion ». L'intérêt est la valorisation de ses capacités, de ses pouvoirs et de son estime de soi. Le risque est la mise en place d'un système répétitif, apportant bien-être et confiance en soi à court terme, mais fragilisant sur la durée, car il faut, pour qu'il demeure viable, que la « nourriture » soit toujours abondante et la réussite, à chaque fois, assurée, ce qui n'est évidemment pas possible. La dimension narcissique est prédominante chez les personnes addictives et le regard de l'autre essentiel pour la construction de sa propre image. Or exister pour soi demande un certain détachement et l'instauration d'une distance protectrice raisonnable entre soi et l'autre.

➤ *Fuir, éviter, oublier*

Daniel a toujours eu peur de se confronter aux femmes, il y voit un enjeu aux risques multiples dont celui d'être possédé, étouffé, « bouffé ». Son attirance, son excitation, il les trouve « de loin », en s'exhibant à distance. Il s'exhibe en voiture, dans son appartement, dans des lieux de promenade ou quand il fait du jogging. Ainsi, il est sûr d'être vu, mais sans être « happé » et s'il fait peur aux femmes qui l'aperçoivent, il y voit la preuve qu'il est un homme viril.

Maurice est un habitué des relations brèves. La peur de l'ennui, de la monotonie, de la rupture potentielle au moindre problème, que celui-ci soit sexuel ou affectif, le pousse à ne rechercher que des histoires courtes, où tout est beau, merveilleux, sans défaut. C'est toujours lui qui décide de rompre pour moins souffrir d'une éventuelle séparation. Il considère que la dépendance à ces relations brèves et fortes est le meilleur moyen pour lui de ne pas être malheureux.

Laure vit toujours seule, elle ne trouve jamais de partenaire à la hauteur de ses espérances. Pour elle, ses critères de choix sont simples. En fait, ils sont impossibles à satisfaire, car ils proviennent d'éléments puisés chez différents hommes qu'elle a rencontrés au cours de sa vie. Laure se remplit de fantasmes, de rêveries. Dès qu'un moment d'ennui ou une excitation solitaire survient, elle s'échappe hors de toute réalité.

L'évitement est un des moyens les plus utilisés pour faire face à la peur de s'exposer à une situation non maîtrisable ou inconnue. Plutôt que d'affronter sa peur et d'essayer de trouver des solutions, la personne va fuir grâce à des stratagèmes compulsifs et des systèmes de dépendance très apaisants à court terme (protection sans confrontation), mais fragilisants sur le long terme (dépendance, avec solitude ou soumission à l'autre). On trouve très fréquemment ce genre de conduite dépendante chez ceux qui fuient toute confrontation à des situations phobiques. S'exposer au regard, aux sentiments, au désir de l'autre étant anxiogène, il leur faut se replier sur ce qui fait moins peur et qui est plus contrôlable, l'auto-sexualité par exemple.

➤ *Se lâcher, se défouler, apaiser une tension*

Henri se décrit comme un perfectionniste qui vit dans la retenue permanente de ses émotions. Il a le sentiment d'être verrouillé dans son corps et sa tête. Tout est contrôlé dans son quotidien ; son activité professionnelle est programmée avec une précision méticuleuse ; ses projets sont anticipés dans tous leurs détails : aucune place n'est laissée au hasard. Le plus important pour lui est l'occupation permanente du temps qui passe. Comme il veut paraître fort, puissant, sans faille, il ne peut lâcher prise que de manière explosive, puis répétitive. Ces moments se produisent quand les contraintes extérieures (l'environnement) et internes (son psychisme) ont atteint un degré de verrouillage tel que le « ressort » se détend ou saute. Alors, pendant une semaine environ, il connaît des épisodes de masturbation compulsive, oblige sa femme à des actes sexuels répétitifs (jusqu'à six fois par jour), s'adonne à des conduites d'exhibitionnisme. Ce sont les seuls moyens d'amener un apaisement transitoire, avant le retour de la culpabilité et de l'enfermement.

Depuis un certain temps, Henri a repéré que ce lâcher-prise pathologique succédait toujours à une trop forte tension intérieure. Cette découverte l'a conduit à vouloir engager une lutte sans merci pour ne pas lâcher, ce qui a eu pour effet d'augmenter encore le contrôle, donc, de précipiter l'explosion. Cet homme reconnaît par ailleurs que la peur du lâcher prise est, chez lui, liée à la peur des conséquences de l'absence de maîtrise, à la crainte de la culpabilité, mais aussi à la recherche de conséquences plus excitantes, car en ne lâchant pas tout, tout de suite, il peut espérer avoir un maximum de plaisir.

Certaines pathologies dépendantes tournent autour du problème du contrôle et de la maîtrise de soi. En particulier, les personnalités dites obsessionnelles, caractérisées par la méticulosité, les scrupules, le perfectionnisme et le doute, ont besoin d'exercer un contrôle absolu sur elles-mêmes, leurs comportements, leurs pensées. Toute expression incontrôlable est dangereuse, qu'elle soit émotionnelle (sensations physiques du stress ou de l'excitation), comportementale (désir sexuel, relation aux autres) ou mentale (idées obsédantes, rêverie fantasmatique). Le contrôle n'est efficace que s'il est total ; autrement, le risque est grand que l'effondrement soit total. C'est la loi du tout ou rien (« si je lâche un peu, je risque de tout lâcher »). Tout accommodement avec cette règle est source d'angoisse et de malaise. Pourtant, le constat est évident : « trop de contrôle tue le contrôle », « trop de contrainte tue la contrainte ». Le corollaire de cet état de recherche de contrôle permanent est, outre la peur du laisser-aller et le refus de l'aléatoire, l'excitation liée au jeu du « j'ai envie, j'ai besoin, mais je ne dois pas, c'est trop risqué ». Et c'est là que se referme le piège de la dépendance.

➤ *Éprouver des sensations fortes et un plaisir intense*

Josiane, 28 ans, est en recherche permanente de « LA » relation passionnelle et amoureuse qui la fera sortir de son quotidien. Les histoires longues l'ennuient, elle a l'impression qu'elle connaît tellement l'autre qu'elle n'a plus besoin de parler. Elle se sent étouffée, malgré la bonne volonté du partenaire, sa douceur, ses sentiments. Ce n'est peut-être pas un hasard si elle aime les sensations extrêmes que lui procurent certains sports à risque comme le canyonning, la chute libre, le saut à l'élastique. Au travail aussi, elle est hyperactive, elle vit tout comme un challenge à relever. Son problème vient de ce qu'elle doit choisir entre la sécurité, la stabilité, le confort affectif, dont le corollaire est la banalisation érotique et sexuelle, et l'excitation immédiate de la nouveauté, l'explosion de la passion, dont le corollaire est, après un début intensif et fort, la chute brutale, systématique, comme, dit-elle, dans le saut à l'élastique. Josiane a toujours eu des difficultés sexuelles dans les relations « installées », ayant peu de désir et beaucoup de mal à lâcher prise. En revanche, elle aime le sexe pendant les premiers mois, quand il sert à construire l'expérience amoureuse. Son but premier n'est pas de consommer du sexe, mais de vivre à plein les émotions fortes qui accompagnent les histoires naissantes. Pour elle, la relation est plus excitante que le sexe.

Patrick, 28 ans, se plaint de troubles sexuels qui sont liés, selon lui, à son hypersexualité. Il n'a pas de problème mécanique, mais une insatisfaction permanente par rapport à ce qu'il fait sexuellement. Dès qu'il a expérimenté une technique sexuelle avec sa femme, il veut essayer autre chose. Il a été jusqu'à lui proposer l'échangisme, le triolisme, des relations homosexuelles et d'autres situations où sa femme a eu le sentiment d'être plus un objet qu'un être aimé. Patrick la décrit comme quelqu'un de maternant et de docile. « J'ai toujours besoin de séduire, poursuit-il. Je ne peux pas me fixer, je ne suis jamais content, je veux toujours aller vers l'extrême. J'ai l'impression d'exister comme cela ; sinon, je me sens écarté et rejeté. »

Tous les dépendants ont en commun de rechercher des sensations pour se sentir vivre, mais ce qui est typique des personnes en quête de sensations fortes et de prise des risques, c'est le goût prononcé et délibéré pour le flirt avec l'entre-deux vie/mort. Les drogués du sexe jouent avec le risque outrancier de multiplier les relations sexuelles sans protection, les séducteurs compulsifs choisissent consciemment et de manière répétée des relations passionnelles sans suite, avec une fin toujours identique : la solitude. Autre trait essentiel de la recherche de sensations fortes, qu'elle soit sexuelle ou affective : la souffrance. J'ai souvent été amené à voir en consultation des patients qui, dans leur quête éperdue de situations « follement excitantes », brèves mais « meilleures que n'importe quelle drogue », passaient par des moments de grande souffrance à cause du sentiment de manque, mais aussi des conséquences directes de leur quête de plaisir intense. Il ne peut y avoir de passion folle, de sensation folle sans souffrance. Si je veux du « haut », je dois accepter d'avoir du « bas ». La souffrance, le manque amènent à rechercher la passion ; la passion amène à éprouver de la souffrance.

➤ *Remplir un vide*

Michel, 52 ans, divorcé, a toujours été insatisfait de sa vie. Perfectionniste, doutant de ses capacités tant dans le domaine affectif que professionnel, il évite les conflits, essaye de satisfaire tout le monde, de ne jamais décevoir, de ne pas déplaire. Sa hantise permanente est d'être rejeté, laissé pour compte.

Michel a connu sa femme très jeune, tout de suite après avoir quitté ses parents. Il s'est occupé d'elle de façon très assidue, comme un « soignant », tout en entretenant avec certaines de ses amies des relations troubles. Depuis toujours, il a dans l'idée qu'il pourrait se retrouver seul un jour et qu'il lui faudrait alors trouver très vite une remplaçante à sa femme. « Je ne sais pas attendre, explique-t-il, et dès qu'il y a un vide, je le remplis. Si mon épouse n'est pas là, si mes amies ne sont pas disponibles, si je m'ennuie, le simple fait de penser à une de ces femmes me remplit la tête et m'apaise. Je suis dépendant des femmes et prêt à tout pour éviter le chaos. » Actuellement, Michel est pris dans une situation stressante, mais qui, paradoxalement, le rassure : sa « femme officielle », comme pour confirmer sa prémonition, a demandé le divorce. Pour ne pas tomber dans le vide, il a donc jeté son dévolu sur une amie d'amie, inaccessible et dominante, dont il est devenu complètement accro. Il n'y a aucun avenir possible entre eux, mais cela l'occupe, le remplit. Pierre est tellement attaché aux autres qu'il n'est pas attaché à lui, il n'existe qu'à travers les femmes et les liens qu'il crée avec elles.

Sophie, 28 ans, a passé son existence à éviter à tout prix la solitude. Elle a eu de nombreuses histoires amoureuses. Quand cela se produisait, elle ne supportait aucune distance et éprouvait en permanence le besoin de la présence de l'autre. Elle vivait à travers lui et augmentait encore l'attachement et la fusion par une sexualité très forte. « Je reconnais que je passe mon temps à remplir. Toute situation de vide et d'insécurité – attendre, prendre des risques, s'ennuyer, être seule, vivre une situation inconnue, une perte de contrôle – est source de panique et d'angoisse chez moi. Je préfère m'attacher à n'importe quelle source d'amour plutôt que d'être seule. Certains y voient une forme de prostitution ; moi, je cherche de l'amour. Les gens ne peuvent pas comprendre ce que c'est que manquer : ils auraient dû vivre ce que j'ai vécu dans mon enfance. »

Le remplissage boulimique est une image qui revient très souvent dans le discours des personnes dépendantes. Se remplir d'une façon ou d'une autre, c'est éviter le rien, le manque, l'absence ; c'est occuper son temps, son espace, ses pensées, même si l'impression de vivre n'existe qu'à travers un comportement répétitif sans fin. Arrêter la dépendance, c'est, au contraire, se confronter au vide, à un soi-même peu fiable et à un environnement insécurisant comportant des risques et de l'inconnu. Remplir, c'est s'attacher à du « quantitatif » vital pour soi.

Le cycle sexuel « toxicomaniaque »

Qu'il s'agisse de combler un vide, d'éprouver le grand frisson, de se défouler, de s'aimer mieux ou de se faire du mal, c'est par la mise en place de la répétition que va s'installer la dépendance et se produire l'enfermement (« c'est plus fort que moi, je n'y peux rien, je ne peux plus me contrôler, je perds la maîtrise de mon corps, de mon esprit… »). Pourquoi répéter quelque chose qui fait mal ou, en tout cas, qui ne fait pas de bien ? Rappelons-nous ce que nous disions au tout début de ce livre : la répétition est un moyen de créer artificiellement des « bouées » pour ne pas couler dans la vie, la vie n'étant pas toujours simple. Que faisons-nous d'autre quand nous nous accrochons à notre travail, à nos proches, notre maison, nos amis ? Faute de mieux…

La répétition dépendante suit un cycle qui passe par trois modes d'expression : l'expression comportementale (le passage à l'acte, la mise en acte de la compulsion : boulimie de sexe, de femmes, de rapports sexuels, de drague, de passions séductrices…), l'expression cognitive (pensées obsédantes, ruminations anxieuses, scénarios fantasmatiques : « je ne peux pas m'en passer… », « mes partenaires aiment forcément… », « je suis fondamentalement quelqu'un de nul, de mauvais… ») et, enfin, l'expression émotionnelle (l'angoisse physique, excitation sexuelle, tension nerveuse, sensations fortes). Ce cycle va s'enclencher soit à partir de situations d'envie, sources d'excitation sexuelle (présence d'un partenaire de l'autre sexe, rêverie qui accompagne un scénario érotique ou un scénario amoureux, sensation physique d'une stimulation physique…), soit à partir de situations douloureuses, sources d'excitation anxieuse reposant sur le manque et la frustration (solitude affective, manque de rapports sexuels, fantasmes avec passage à l'acte interdit...). Dans un grand nombre de cas, il se peut même que les situations d'excitation sexuelle ou de frustration affective n'aient, au départ, aucun lien avec la sexualité (état dépressif, conflit au travail, solitude, ennui, colère...). Le passage à l'acte sera fonction des circonstances, du système relationnel, de l'accord du partenaire ; il n'y a pas de perte de contrôle immédiat ni d'altération de l'environnement.

Chez les dépendants, toute envie et toute frustration, quelle qu'en soit l'origine, apportent la mise en place réflexe du cycle : le sexe, le partenaire, le sentiment, le fantasme ont perdu leur rôle spécifique, ils sont utilisés de manière utilitaire pour des raisons qui n'ont souvent plus aucun rapport avec leurs caractéristiques propres. Un mécanisme de focalisation quasi permanente, obsédante, excitante sur l'Objet met en branle le corps et l'esprit. Les signes apparaissant traduisent cette excitation : palpitations, tremblements, sudation, excitation dans le bas-ventre, tension musculaire, ruminations, scénarios incontrôlables, comportements ritualisés, automatisés... Toutes ces manifestations, par l'état d'excitation qu'elles entraînent, accentuent la stimulation physique et mentale. Seul le passage à l'acte peut alors apporter le soulagement, qui en est le but premier comme la conséquence. La mise en acte est systématique, elle fait partie intégrante du diagnostic des addictions. Les dépendants disent très bien leur incapacité à contrôler et arrêter l'acte en cours. Cette perte de contrôle de soi est un élément essentiel de la dépendance : il n'y a aucune alternative pour compenser, apaiser ou changer dans l'urgence ce besoin d'agir et de se lier à l'Objet ; c'est la loi du tout ou rien (« si je commence, je vais jusqu'au bout »).

Après l'étape d'excitation, de focalisation obsédante, de passage à l'acte, surviennent le dégoût et la culpabilité : le dépendant prend conscience de son enfermement et de sa perte de contrôle sur ses gestes ; il se rassure par des monologues de sécurité (« je ne recommencerai plus... », « demain, j'arrête... », « je fais trop de mal, j'ai honte... »). Cette deuxième étape dure le temps nécessaire à un pardon rapide de soi, avant qu'une nouvelle situation, source de malaise ou d'excitation, ne survienne. Alors, le cycle « toxicomaniaque » reprend de plus belle, à moins qu'un événement ne rende le passage à l'acte impossible (préoccupation plus envahissante que l'obsession sexuelle ou affective : soucis d'argent, conflit conjugal, maladie, rupture, décès familial...). Dans ce cas, si le sevrage brutal, voulu ou subi, rompt le cycle de défoulement utilitaire et écarte artificiellement l'Objet addictif, le risque majeur est l'apparition d'un état de manque cruel. Or le manque, qu'il soit réel ou anticipé, est le moteur de la répétition, car il permet de calmer les signes de sevrage (tension, anxiété, insomnie, état second, tremblement, crise de panique...). C'est ainsi que surviennent la rechute et la reprise du cycle. Chez un dépendant, tout doit être fait pour éviter le vide créé par l'absence du cycle de répétitions, d'où ce déchirement entre l'enfermement dans un cycle infernal culpabilisant, source de dégoût pour soi, et le besoin vital d'être rassuré par un cycle excitant, source de survie et d'apaisement face aux problèmes.

Les conséquences du cycle toxicomaniaque sexuel ou affectif conduisent à un envahissement progressif de la vie de tous les jours (travail, tâches quotidiennes...) par des passages à l'acte répétés ; elles provoquent un appauvrissement de la vie sociale (conjoint, enfants, famille, amis...), accentuent l'isolement et créent une accoutumance à l'excitation. Le malaise devenant au fil du temps encore plus intolérable, la seule solution est d'augmenter « la dose » pour produire le même effet. Le cycle addictif repart alors de plus belle, avec plus d'excitation, plus d'obsession, plus de passages à l'acte, plus de soulagement temporaire, plus de désespoir coupable, plus d'enfermement quotidien, plus de mal être, plus de la même chose, en somme…

Les couples dépendants : plutôt mal accompagnés que seuls (*Breaking the Waves*)

Une personne sécurisée, qui n'a ni peur de dépendre des autres ni peur d'être abandonnée, peut investir en toute confiance son couple et son partenaire, souvent dans une relation unique et stable ; elle peut aussi investir sa sexualité, ses enfants, son environnement de manière positive sans craindre l'extérieur, sans avoir besoin de combler un vide ou un manque. Le plus souvent, le partenaire d'une personne secure est lui-même secure ; il sera suffisamment autonome pour occuper sa place et uniquement sa place. Dans ces couples, chacun existe pour soi et non à travers l'autre ; il sert d'amarrage de sécurité, non de bouée de survie. Avec les personnes évitantes et ambivalentes, il en va évidemment tout autrement.

– *Une personne évitante* fuit la proximité et n'a confiance en personne, elle aura tendance à changer de partenaires pour éviter tout rapprochement trop risqué. Vivant toujours dans la crainte d'un débordement envahissant, si elle opte pour une relation durable, elle se mettra, très logiquement, en couple avec un partenaire lui-même évitant et « respectueux des distances » ou qui présente un profil de « soignant » : un partenaire secure en mal de don de soi ou un partenaire ambivalent en quête de fusion et qui trouvera dans le couple qu'il forme de quoi alimenter ses frustrations. Sa sexualité sera à l'image du reste : dispersée, pour relativiser les risques. Il se peut qu'elle n'ait jamais d'enfant (l'attachement étant perçu comme une source d'échec) ou, au contraire, qu'elle en multiplie le nombre, mais sans jamais s'y attacher.

– ***Une personne ambivalente*** a peur de ne pas être suffisamment aimée, d'être abandonnée, elle cherche la fusion avec l'autre, ce qui, parfois, fait fuir le partenaire. Elle a plutôt tendance à utiliser la domination colérique ou plaintive et à vouloir s'occuper de son partenaire, jouant une fonction parentale plus qu'amoureuse. La sexualité servira à renforcer l'attachement ; soit elle sera boulimique, comme le reste de la relation amoureuse, soit elle prendra la forme de gestes tendres asexués. Le choix du partenaire s'expliquera par le besoin de créer et maintenir la fusion. L'élu pourra donc être ambivalent (qui se ressemble s'assemble) et le couple fusionnera, avec des mécanismes de soins réciproques ; il pourra aussi être évitant, acceptant qu'on s'occupe de lui, mais émettant des signaux de fuite et de distance, qui attireront encore plus fortement l'ambivalent ; enfin, ce pourra être une personne secure en mal de don de soi. Tout comme le partenaire, les enfants auront pour fonction de renforcer le système fusionnel mis en place par l'ambivalent.

Ainsi Fabienne, 38 ans, qui reconnaît « boire son homme des yeux ». Elle a constamment besoin de sa présence, de savoir s'il l'aime, elle exige des marques d'amour précises (certains mots d'amour, des coups de fil réguliers dans la journée...). Il lui arrive de monter des « pièges » pour tester l'amour de son mari. Toute séparation, même de quelques heures, est compensée par des épisodes de boulimie alimentaire, de tabagisme ou d'achats compulsifs en fonction du contexte. En contrepartie, Fabienne est prête à tout pour satisfaire son époux, même à accepter des rapports sexuels fréquents, alors qu'elle est très peu attirée par la sexualité. C'est un cadeau qu'elle lui fait pour pouvoir le garder, le seul moyen qu'elle a trouvé d'être rassurée sur un risque d'éventuelle rupture. On retrouve chez cette femme une vraie dépendance à l'autre, avec quasi-absence de vie personnelle et addiction au conjoint qui sert d'objet d'apaisement et de sécurité interne. Comme son mari ne peut pas toujours remplir son vide existentiel, Fabienne a développé d'autres addictions, notamment à la nourriture ; elle s'y livre quand la présence et l'affection de son époux viennent à manquer ou sont insuffisantes.

En regardant d'un peu plus près, on s'aperçoit que Fabienne a une histoire de petite fille, somme toute, assez banale : pas de traumatisme sexuel, pas de violence familiale ou parentale, pas de rupture ou d'abandon déstructurant qui pourrait expliquer son insécurité et, donc, ses conduites de dépendance. Non, Fabienne a eu des parents aimants, peut-être même un peu trop. Elle adorait son père, qui était son dieu vivant, c'était un homme très protecteur mais très angoissé. Sa mère était une femme gentille, une bonne maîtresse de maison, un peu méticuleuse ; elle lui demandait souvent de l'aider à s'occuper de la petite sœur handicapée de naissance. Fabienne n'a donc pas manqué d'amour ; peut-être a-t-elle juste un peu souffert de la tendance de sa mère à câliner et protéger prioritairement la petite dernière plus fragile (« elle a plus besoin de moi que toi ; toi, tu te débrouilles toute seule, tu es grande »). À l'école, elle a toujours très bien travaillé, elle n'a jamais fait d'histoire. En revanche, il n'est pas certain qu'elle se soit autorisée à revendiquer quoi que ce soit face à ses parents. Au fond, Fabienne est une jeune femme plutôt épargnée par la vie, mais qui a grandi un peu trop vite et qui a un peu trop ravalé ses désirs.

D'une certaine façon, nous faisons tous comme Fabienne ; nous créons des liens sexuels et affectifs en fonction de notre histoire, de nos manques, de nos frustrations, de la représentation que nous nous faisons de nos modèles d'attachement construits dans l'enfance et façonnés par les événements de vie. Nous investissons notre partenaire, notre sexualité, notre vie affective en fonction de ce style d'attachement, nous calquant sur l'image réelle, imaginaire ou opposée de nos parents ainsi que sur le modèle conjugal, réel, imaginaire ou opposé qu'ils nous ont offert.

La sexualité, le soin et l'attachement, qui participent du lien à l'autre, n'auront pas la même place selon notre passé, ils ne serviront pas les mêmes objectifs. Ceux qui ont vécu des expériences sécurisantes dans l'enfance seront plus enclins à construire une relation affective et sexuelle fondée sur la réciprocité, le partage, l'acceptation de la différence, la tolérance à la frustration et à l'échec. En revanche, ceux qui ont vécu dans un contexte d'insécurité, sans pouvoir se réparer, auront tendance à vivre des relations affectives et sexuelles où le besoin de se remplir, de combler des vides, de se protéger, de se défendre sera prédominant. C'est évidemment dans cette seconde catégorie qu'on trouve le plus de dépendants affectifs et sexuels.

Cela étant dit, même avec un départ peu propice dans la vie, il reste toujours possible de ne pas basculer dans un système de dépendance, certaines personnes peuvent même rebondir à partir de leur souffrance. Pour cela, il faut que le processus d'individuation et d'autonomisation puisse être mené à son terme. C'est ce que nous allons voir dans le chapitre suivant.

Rappel des principales caractéristiques des compulsions affectives et sexuelles

– **Il y a un besoin pathologique de passer à l'acte** (« je ne peux pas ne pas... », « je n'ai pas le temps de réfléchir, c'est déjà fait... », « c'est comme une pulsion... »).
– **Il y a une relation de dépendance passive ou active entre soi et l'objet d'addiction** (« je ne peux pas m'en détacher, j'en ai besoin pour vivre... », « j'ai le droit, il m'appartient... »).
– **Il y a un besoin de contrôle de soi et de l'objet** pour éviter de prendre des risques et de se laisser aller (« j'ai besoin de tout gérer, de tout contrôler... », « je ne sais pas lâcher prise... », « j'ai peur de me retrouver seul face au vide... », « pour éviter la solitude, le rejet, l'abandon, je suis prêt à tout... »).
– **Il y a une répétition « boulimique »** : les conséquences agréables ou désagréables donnent envie de recommencer (« quand je l'ai fait une fois, j'ai besoin de recommencer... », « c'est plus fort que moi... »).
– **Il y a un fonctionnement en tout ou rien,** aucune modulation n'est possible (« quand j'ai commencé, je suis obligé d'aller jusqu'au bout... »). Soit l'objet de dépendance remplit la totalité des attentes : il provoque l'apaisement, avant que le manque ne revienne ; soit il ne comble qu'une partie des besoins et il est perçu comme insécurisant et mauvais.
– **Il n'y a pas d'autre solution, face à l'envie de passer à l'acte, que le passage à l'acte** (« j'aimerais ne pas en avoir besoin, mais je ne peux pas... »).
– **Il y a un sentiment de manque systématique si l'acte n'est pas effectué** (« quand j'y pense et que ce n'est pas possible, je

m'énerve, je me crispe ou j'explose... », « je suis obligé de compenser par autre chose... », « je deviens obsédé, rien ne m'apaise... »).

– **Il y a un sentiment de bien-être, mais à très court terme, quand l'acte est effectué** : le passage à l'acte apporte du soulagement, de l'excitation, de la détente, de la réassurance, du plaisir, (« cela m'apaise... », « je suis plus tranquille après... »), mais ce bien-être ne dure pas, il faut toujours recommencer après, car l'insatisfaction revient.

– **Il n'y a pas de sentiment d'existence propre,** il faut toujours rester attaché à l'objet, sinon, c'est la chute dans le vide (« je n'existe qu'à travers l'autre ; seul, je ne suis rien... »).

– **Il y a une altération de la relation aux autres et à l'environnement** (« personne ne me comprend... », « je me sens toujours seul... », « je ne sais pas m'intéresser à autre chose... », « si je ne fais rien, mon envie revient et je ressasse... »).

CHAPITRE 7

De la dépendance à l'individuation : l'équilibre dynamique

Parler de thérapie, donc de soin, alors que nous parlons de relation amoureuse et de sexualité, serait, pour certains, verser trop vite dans la pathologie et la « psychiatrisation » de la souffrance affective et de la frustration sexuelle, alors que celles-ci font partie des expériences humaines les plus banales. Une telle position revient à nier l'incapacité de l'être humain à concevoir spontanément qu'une relation affective ou sexuelle est inévitablement une relation imparfaite. Car tel est bien notre lot. La réalité à laquelle nous devons faire face est que l'autre ne sera jamais, je dis bien jamais, l'être répondant à toutes nos attentes. La réalité est que nous ne choisirons jamais, pour construire un couple, le meilleur des hommes ou la meilleure des femmes et que nous ne vivrons jamais la meilleure des vies sexuelles. Non, nous choisissons toujours le moins mauvais des hommes, la moins mauvaise des femmes et la moins mauvaise des vies sexuelles. Nous faisons de notre mieux…

Quelqu'un qui part dans la vie avec ces postulats initiaux a toutes les chances de vivre le manque, la panne, l'erreur, le vide, la douleur comme des faits, sans entrer dans un cursus pathologique. L'acceptation des imperfections, des failles en soi et en l'autre l'aidera à supporter moins mal sa souffrance d'être humain. Sur ce point, un travail psychothérapique préventif peut être d'une grande utilité. Malheureusement, celui-ci est rarement effectué, on « préfère » en général attendre l'effondrement avant d'envisager de consulter.

La place de la thérapie

La quête permanente de plaisir, la consommation de l'autre comme « objet d'utilisation courante », et l'incapacité à supporter la frustration sont des traits de notre époque. Le manque et son contraire, le trop-plein, l'absence et son contraire, l'envahissement, la distance et son contraire, l'étouffement, sont devenus des sources de souffrance insupportable. Et c'est justement parce que nous n'acceptons plus la souffrance « normale », celle qui va avec toute relation affective et sexuelle, qu'on bascule de plus en plus souvent ou de plus en plus facilement dans la pathologie. Nos exigences tyranniques et nos attentes extrêmes nous précipitent à la recherche du parfait et de l'idéal, de l'apaisement suprême et de l'excitation jouissive immédiate. Là encore, une thérapie peut avoir son utilité, pour peu que la personne qui consulte y trouve un lieu de parole, de mise en mots de sa souffrance, d'allégement de sa culpabilité, grâce à l'alliance et l'empathie créées avec le thérapeute.

J'ai dit que la dépendance était une forme spécifique d'attachement insécurisant à un objet ou à un être, attachement qui ne supporte aucun détachement possible. Que l'objet ou la personne vienne à manquer et c'est la souffrance, la frustration douloureuse, la quête immédiate d'une compensation boulimique qui apparaissent. Tout au contraire, un attachement mature et sécurisant rendra possible l'exploration du monde environnant, tout en préservant une relation sincère à l'autre ou à l'objet du désir, respectueuse de la juste distance, tolérant la frustration et les différences qui accompagnent toute relation à deux.

De ce point de vue, la relation thérapeutique peut devenir le lieu privilégié d'une mise en scène particulière, celle d'une dépendance affective mais avec le thérapeute. Cette étape est, pour certains, obligatoire pour leur permettre de vivre le passage de la dépendance à l'autonomisation. On peut utiliser, pour mieux comprendre le processus thérapeutique de tout patient dépendant, la métaphore du « port d'attache ». Nous avons tous besoin dans notre existence d'un port d'attache – de repères, de cadres, de valeurs qui nous donnent un sentiment de sécurité. C'est là que nous rangeons notre « bateau » et un bateau doit toujours, à un moment ou à un autre, entrer à son port. Cela dit, normalement, un bateau sert aussi à partir en mer. En fonction de la confiance que nous avons en nous-même, nous quitterons notre ancrage pour nous confronter à la haute mer, c'est-à-dire à l'imprévu, au vide, qu'il fasse beau ou qu'il y ait de la tempête. Certains d'entre nous ne sortiront qu'accompagnés d'un vrai barreur, et encore faut-il qu'il fasse très beau et qu'on n'aille pas plus loin que quelques miles au large, en ayant toujours la côte comme point de repère visuel. D'autres resteront au port et n'en bougeront jamais, trop angoissés à l'idée de risquer… quoi ? : la pleine mer ?… Il y a trop d'inconnu et trop d'incontrôlable. D'autres, enfin, rechercheront le plaisir extrême qui consiste à se mesurer aux éléments naturels : pour eux, rester au port, oui, mais le moins de temps possible.

Tout individu a le droit d'opter pour la dynamique qui lui convient et de choisir l'utilisation qu'il veut faire de son bateau. Cela dit, ne rester qu'au port finit par rendre accro au port (on a alors le plaisir d'être regardé par les badauds et de ne prendre aucun risque) et ne rester qu'en mer conduit obligatoirement à la mort (les vrais marins savent bien qu'il ne faut pas provoquer les éléments naturels). Évidemment, tant qu'il n'y a pas de souffrance, il n'y a pas de problème, mais qu'on soit dépendant d'ancrage ou dépendant aux risques, on ne vit, dans un cas comme dans l'autre, que grâce au lien qu'on a créé avec sa dépendance, on ne vit pas l'autonomie, on la fuit même. Dans un cas comme dans l'autre, on a besoin de cet enfermement qui procure un apaisement immédiat, puis de la frustration, puis de la souffrance.

À la différence de la dépendance qui ne permet aucune rupture des liens d'attachement, l'autonomie, elle, permet le passage de l'attachement au détachement sans sentiment d'insécurité douloureuse et insupportable. Tout être humain a la capacité de se mettre en mouvement, depuis son port d'attache jusqu'au monde à explorer, avec retour possible à tout moment, par plaisir et non par principe. Ce mouvement représente précisément le mouvement qu'il faut faire pour passer de l'attachement à l'autonomie, pour engager ce qu'on nomme un processus d'individuation. L'autonomie ne signifie pas l'absence d'attachement ; bien au contraire, c'est parce que nous savons nous détacher que nous pouvons revenir au port et l'investir avec respect et humilité lors d'occasions spécifiques.

Le but de la thérapie, quand on est dépendant, est d'aider à vivre cette expérience d'autonomisation. Pour cela, au départ, le lien de dépendance du patient au thérapeute, comme du thérapeute au patient, est nécessaire. Le patient est « expert » dans sa plainte et dans sa souffrance ; le thérapeute est expert dans ses outils thérapeutiques : l'un ne peut rien sans l'autre. Le processus thérapeutique s'engage avec ce contrat de réciprocité. Cette dépendance thérapeutique active s'ajoute, au départ, aux autres dépendances passives que le patient a dans sa vie, à cette différence que la dépendance créée avec le thérapeute est un outil de sécurité temporaire (un port d'attache) qui s'inscrit dans un processus d'autonomisation. Du moins cela devrait-il être le cas systématiquement. Nous avons tous eu en thérapie des patients qui vivaient à travers leurs plaintes et qui étaient inquiets de voir leur symptôme disparaître, parce que cette disparition faisait naître la peur du vide. Nous connaissons tous, également, des thérapeutes qui, sous prétexte qu'ils éprouvent une grande sympathie pour leur patient ou qu'ils pratiquent des prises en charge de longue durée, deviennent dépendants de cette relation thérapeutique. Nous nous sommes tous retrouvés dans des situations où, face à une complexité de symptômes, l'association thérapeutique créait plus de problèmes qu'elle n'en résolvait. Pour un patient ou pour un thérapeute, faire un peu plus « pire » à chaque fois peut s'avérer addictif, car cela accentue et maintient en place les plaintes et le fonctionnement initial. Et ne pas changer, c'est faire « toujours de la même chose », et la répétition est parfois moins angoissante que le départ vers l'inconnu.

Tout thérapeute construit avec son patient un cadre thérapeutique, qui doit l'aider à découvrir ses propres capacités, ses valeurs, ses ressources, mais aussi l'aider à se détacher de ses ancrages addictifs. Le patient prendra le risque de sortir en pleine mer, sans s'empêcher, de temps à autre, de retourner au port, ce qui lui permettra de changer, sans se soumettre à de nouvelles dépendances ni perdre le contrôle. Certaines questions facilitent ce travail d'alliance et sont utiles pour clarifier la demande et préciser le problème. Par exemple :

– Quel est le problème pour lequel je pourrais vous aider ?
– En quoi est-ce un problème pour vous ? En quoi est-ce un problème pour votre conjoint ? Seriez-vous venu consulter si votre conjoint n'avait pas souffert du problème ? Qui a le problème ? Pour qui est-ce un problème ? Qui se plaint de quelque chose ? Qui veut changer ?
– Qu'est-ce qui fait que vous avez décidé de venir aujourd'hui ? À quoi vous êtes-vous rendu compte que vous aviez un problème ? À quoi votre partenaire ou votre entourage s'est-il rendu compte qu'il y avait un problème ? Comment votre partenaire vous l'a-t-il dit ? Qu'avez-vous fait quand vous vous êtes rendu compte que le problème était là ?
– Quelles seraient les hypothèses que vous feriez, vous, devant l'apparition de ce problème ?

Dans cette démarche de clarification du problème, une technique, en particulier, se révèle très utile pour cerner le problème et le résoudre : c'est la technique de résolution de problèmes. Son utilisation sert à la mise à distance des systèmes addictifs, initiant un processus d'autonomisation et la prise de risque. Elle obéit à un certain nombre d'étapes :

– Prendre le problème posé et le formuler en termes d'objectifs à atteindre ; noter toutes les solutions possibles et imaginables, même les plus farfelues.
– Noter, devant chaque solution, un chiffre allant de 0 à 10 et correspondant à la force de la croyance dans chacune des solutions (0 : je ne crois pas du tout à cette solution ; 10 : je crois totalement à cette solution).
– Noter, devant chaque solution, les arguments pour et les arguments contre, les avantages et les inconvénients.

- Noter, de nouveau, un chiffre allant de 0 à 10 en fonction de la croyance dans chacune des solutions.
- Choisir une solution, celle dont la croyance est la plus forte, la mettre en pratique et la tester ; s'exercer artificiellement au départ s'il le faut.
- Se demander si l'essai a amené à une résolution partielle ou totale du problème.

De la névrose chrétienne à la tyrannie du plaisir

Ce passage de la névrose chrétienne à la tyrannie du plaisir résume assez bien ce qui est en jeu aujourd'hui dans les dépendances affectives et sexuelles. L'addiction, telle qu'elle se donne à voir aujourd'hui, est, en effet, le produit d'un changement historique majeur, sociologique et culturel, qui a vu l'omniprésence de la morale religieuse, construite autour de l'interdit du plaisir, de la culpabilité face à la transgression et du refoulement des pulsions, céder le pas à l'envahissement du plaisir avec passage à l'acte immédiat, intolérance à la frustration et quête éperdue du plaisir.

Le premier système « névrosant » a amené nombre de gens à se verrouiller et se blinder pour empêcher toute culpabilité, à éviter la vie pour empêcher toute confrontation risquée au monde, déclenchant par là même de l'anxiété et de la dépression, ébranlant et fragilisant l'estime qu'on a pour soi, la confiance qu'on a en soi, l'affirmation de soi-même. L'enfermement dans un cadre de vie dicté par des instances morales peut être rassurant, sécurisant, mais il devient vite infantilisant. Comme l'est l'utilisation permanente de bouées par quelqu'un qui veut apprendre à nager.

Des interdits moralisateurs ont une efficacité immédiate, ils empêchent de « couler », mais ce ne sont pas des valeurs autonomisantes permettant d'avancer. Tout carcan est une addiction et crée de la dépendance.

Le second système auquel nous faisons face actuellement est tout aussi fragilisant. Certes, ce n'est plus l'interdit moralisateur qui motive nos comportements relationnels, et c'est tant mieux, sauf que ce qui nous est donné à la place est tout aussi enfermant, puisqu'il s'agit du plaisir obligatoire comme critère de normalité avec, pour corollaire, le besoin immédiat de réponse positive par le passage à l'acte. Ce passage à l'acte permet l'apaisement immédiat des doutes, l'apaisement immédiat des tensions, il permet d'éviter la frustration et le manque insupportable.

Tout nous conduit désormais à considérer que notre besoin et notre droit d'avoir du plaisir le plus intensément possible, le plus rapidement possible et le plus facilement possible sont légitimes. Il en faut plus, toujours plus. Notre société de consommation rendant les plaisirs très accessibles, la frustration n'est désormais pas bonne du tout à supporter, elle fait souffrir et, dans notre monde actuel, la souffrance comme la douleur sont interdites, car cela fait névrosé…

Attention, ne me faites pas dire ce que je n'ai pas dit : l'interdit moralisateur et le droit au plaisir sont l'un et l'autre des nécessités vitales pour l'équilibre humain, mais, en devenant tyrannique, le « tout plaisir » devient une drogue tout aussi dangereuse que l'était, il n'y a encore pas si longtemps, le « tout interdit ». Dans cette quête du tout plaisir, certains se sont perdus, pensant savoir nager sans bouée ou préférant des bouées artificielles plutôt que l'apprentissage progressif de la natation. Cela a fait le lit des conduites addictives, tout autant que la morale et les interdits ont créé et nourri l'anxiété. Dans les deux cas, le trop de contraintes (les interdits moraux) ou le pas assez de contrôle (le plaisir avant tout) ont promu des comportements et des croyances d'enfermement en soi ou dans l'autre, au rang de la normalité. Dans ce cas, l'autre n'existe que parce qu'il nous rassure sur notre propre image et non parce qu'il existe avec sa propre image, forcément différente. Trop de contrôle tue le contrôle, trop de maîtrise tue la maîtrise, mais trop de plaisir tue aussi le plaisir et trop de lâcher-prise tue le lâcher-prise.

L'intérêt le plus net de la prise en charge psychothérapique réside dans les échanges sur ce que représentent les notions de contrôle, de maîtrise, mais aussi de perte de contrôle et de perte de maîtrise. Chez les patients vivant dans l'hypercontrôle de leurs comportements et de leurs émotions, sujets à des contraintes envahissantes et des croyances culpabilisantes, le lâcher-prise et le laisser-aller auront une connotation péjorative. Au contraire, pour les patients vivant dans la quête du plaisir et l'apaisement des tensions, ce seront l'hypercontrôle et la maîtrise qui auront cette connotation. Ces deux extrêmes, le tout interdit et le tout permissif, constituent deux formes de survie, deux bouées d'accrochage à la vie ; elles rendent compte des difficultés de l'être humain à se situer entre l'hypercontrôle total, sécurisant mais frustrant, et le lâcher-prise total, jouissif mais culpabilisant. Pourtant, même chez beaucoup d'addictifs, on retrouve, par moments, la capacité de faire autrement et de ne pas se limiter au tout ou rien. Certaines questions ciblées permettent d'ailleurs de mieux repérer les situations et les mécanismes mis en place par l'addictif pour faire autrement, par exemple :

- Quand le problème ne survient-il pas ?
- Qu'avez-vous fait alors pour que le problème ne survienne pas ? Quel a été votre rôle dans la non-survenue de ce problème ?

– Comment a réagi votre entourage quand le problème n'était pas là ?
– Qu'est-ce qui était différent dans ces moments-là (émotions, discours intérieur, contexte, relation) ?
– En quoi votre journée était-elle différente quand le problème n'était pas présent ?
– Avez-vous connu cette difficulté dans le passé et comment l'avez-vous résolue ?

La capacité, les ressources, les compétences que le patient va se découvrir en prenant conscience que, de temps à autre, il a été/est capable de faire autrement est un indéniable progrès dans sa capacité à changer. Afin de consolider cette meilleure connaissance de lui-même, il est essentiel de consacrer un temps important à discuter des thèmes suivants :

– ***Le rôle de la dépendance*** comme moyen d'éviter la confrontation au manque, au désir insatisfait, au plaisir en attente, en remplissant les vides et en construisant des amarres artificielles. N'oublions jamais que le désir et le plaisir naissent du manque et de l'absence : compenser le manque par un système de dépendance ne créera jamais de l'amour ou du plaisir, cela créera de la dépendance…
– ***La motivation au changement***, entre peur de tout lâcher, donc de perdre le contrôle, et peur de tout retenir, donc de se frustrer.
– ***Les autres solutions*** trouvées en d'autres temps, d'autres lieux, d'autres circonstances, pour fonctionner autrement que dans un système de dépendance.
– ***Le mécanisme addictif*** qui passe par la mise en acte systématique et l'incapacité à se contrôler.

- ***Le pouvoir du manque*** comme moyen amenant à répéter le système compulsif.
- ***L'emprise des croyances enfermantes dans le cycle de dépendance*** totale vers le plaisir, l'apaisement, la sécurité immédiate.
- ***Le passage de la survie à la vie***, de la dépendance à la prise de risque, du remplissage permanent à l'expérience du vide temporaire.
- ***La sexualité, la relation affective et l'état amoureux comme moyens d'épanouissement et d'autonomisation de soi et de l'autre***, et non comme buts systématiques et comme « médicaments » pour ses propres malaises.

Quel thérapeute pour quel patient ?

Une prise en charge thérapeutique ne va jamais de soi quand le patient n'est pas à l'origine de la demande, ce qui est souvent le cas des pervers sexuels. Avec les patients dépendants qui choisissent de consulter ou que leur entourage convainc de consulter, la démarche thérapeutique promet de meilleurs résultats, mais elle est souvent difficile, car elle constitue une prise de risque face au système addictif mis en place, parfois depuis des années. En outre, pour pouvoir porter ses résultats, elle exige une observation critique de soi-même, la conscience de l'enfermement dans lequel on se trouve, la reconnaissance de sa souffrance, l'envie de changer. Cela, les dépendants n'en sont pas tous capables, ou pas suffisamment.

Une fois engagée, la démarche thérapeutique va donner au patient dépendant l'occasion d'expérimenter qu'une relation d'attachement, un lieu d'ancrage et de sécurité, peut servir de base essentielle pour entamer un processus d'autonomisation. Ce processus d'individuation va se mettre en place grâce aux outils du thérapeute. Quels que soient ces outils, tous vont participer à la découverte par le patient de ses propres capacités à nager par lui-même. Cette alliance thérapeutique permet de vivre une réelle relation de sécurité (le thérapeute devient temporairement un port d'attache), étape obligatoire à la prise en charge des problèmes addictifs, afin de permettre au patient l'apprentissage de l'éloignement et du détachement. De ce fait, tout thérapeute, soyons clair, ne sera pas à l'aise avec un patient dépendant qui quémande, en permanence, de la réassurance, de la protection, de la magie. Il peut avoir parfois le sentiment d'être « bouffé » par son patient. La vraie question face aux addictions est donc moins : quelle thérapie pour tel patient ? mais quel thérapeute pour tel patient ?

Je l'ai dit, la relation thérapeutique avec un patient dépendant est une mise en situation concrète de la relation sécurité/autonomie. Celle-ci est expliquée dès le premier entretien au terme duquel est conclue une sorte de contrat de « travail ». Elle passe nécessairement par différentes étapes qui seront chacune discutées ensemble. Ce sont :

- ***La demande*** du patient en termes de problème à résoudre.
- ***L'objectif final*** en termes de solution acceptable, donc obligatoirement imparfaite, mais permettant un peu moins de souffrance et un peu plus de choix face aux situations déclenchant les dépendances, car l'objectif final n'est pas toujours la suppression du symptôme.
- ***Les objectifs intermédiaires*** en termes d'étapes successives qui seront autant de prises de risques et de pertes de contrôle « homéopathiques » pour atteindre l'objectif final.

- ***L'explication des techniques utilisées*** pour pouvoir passer de la dépendance permanente à une autre manière de voir et d'agir face à l'addiction.
- ***Le recadrage*** permanent des propos recueillis, en termes concrets, directement opérationnels, pour des prescriptions efficaces.
- ***Les exercices pratiques***, uniques pour chaque patient et destinés à permettre l'auto-observation du changement par le patient.
- ***La connaissance des ports d'attache*** sur lesquels le patient peut compter et où il peut retourner, au besoin, lorsqu'il se lance dans le changement. Ces amarrages, toujours temporaires, peuvent être offerts par les objets addictifs que le patient utilisait avant de consulter, mais dans une version « soft », acceptable pour l'équilibre psychique (par exemple, on remplace un passage à l'acte sexuel par un fantasme) ; il peut aussi s'agir d'objets autres, mais temporaires et qui ne mettent pas en danger l'équilibre psychique (par exemple, on remplace la dépendance au conjoint par une activité personnelle créatrice, même si elle est addictive).
- ***La fin de la thérapie*** en termes de choix. Le thérapeute aide le patient à comprendre qu'il peut maintenant choisir entre conserver l'objet addictif (survivre grâce à son symptôme) et vivre en s'appuyant sur ses propres capacités d'autonomie, celles qu'il a expérimentées au cours de la psychothérapie. Il y a donc deux solutions (le port d'attache ou l'exploration) au lieu d'une seule (le port d'attache, l'objet qui accroche) comme lorsqu'il était dépendant.

Au terme de la thérapie, le patient dépendant fera ce qu'il veut : il pourra choisir de maintenir ses addictions répétitives (garder sa bouée) ou de s'appuyer sur les expériences qu'il a apprises dans et en dehors de la thérapie, tout en tenant compte des fragilités inhérentes à tout être humain. Même s'il existe, évidemment, une solution plus épanouissante que l'autre, celle-ci n'est pas non plus sans risque, car utiliser l'ancien objet de dépendance de manière qualitative et non quantitative ou bien aller explorer le monde sans sa bouée addictive et s'exposer aux aléas de l'existence, cela donne de la liberté, mais cela implique aussi de défendre et protéger sa place, de se faire confiance, d'oser… et, parfois, de rater. Une fois que l'apprentissage du choix, l'attachement addictif seul et l'attachement-exploration combiné, est assimilé et intériorisé, chacun fait comme il peut pour assumer le mouvement permanent entre dépendance et autonomie.

L'apprentissage de la frustration

L'un des signes classiques, retrouvé dans tous les systèmes de dépendance, est l'impossibilité de supporter la frustration, le manque, l'absence. Le problème des addictions tient même précisément dans le fait qu'on a un besoin vital d'utiliser un objet, un être, une relation pour se construire, panser ses plaies, remplir un vide. Très logiquement, l'apprentissage de la frustration, du manque, de l'absence va donc constituer un point essentiel de la thérapie : face à ses plaies, ses souffrances, ses failles, il va falloir progressivement être en mesure de choisir d'autres manières de s'apaiser que l'addiction. Les moyens utilisés pour cet apprentissage sont les suivants :

- ***L'auto-observation*** de ses comportements addictifs et de son système de dépendance.

- ***L'exposition thérapeutique*** au « vide » et au manque par l'installation de « virus » dans le système addictif, qui est par ailleurs maintenu, afin de pouvoir observer un début de changement.
- ***La prise de risque*** plutôt que l'attente passive pour expérimenter la frustration et la disparition de la conduite addictive.

L'un des moments essentiels, à cette étape, est l'inventaire précis du fonctionnement addictif. Pour cela, on demande au patient, sans rien modifier à ses comportements, de s'auto-observer dans son quotidien et de noter par écrit le schéma de ses comportements addictifs : situations déclenchant les conduites addictives ; fréquence et intensité des conduites addictives ; émotions positives ou négatives associées ; pensées ruminatoires sous-tendant le passage à l'acte ; mécanismes compensatoires... Noter tout ce qui caractérise les passages à l'acte est déjà en soi une manière de prendre un petit risque, puisque le patient se regarde, s'examine, écrit, donc introduit un léger écart entre l'observation de ses actes et ses actes. On est là dans la prise de risque *a minima*, puisque le passage à l'acte addictif est maintenu. Il serait évidemment trop difficile de demander, en une fois, au patient non seulement d'observer et de noter ce qu'il fait, puis d'éviter de passer à l'acte : la rechute serait systématique. Proposer un objectif suffisamment modeste au départ est essentiel si on veut que le patient expérimente un petit changement dans son univers de dépendant. Noter ce qu'on fait, comment et pourquoi, en est un exemple, mais il y en a d'autres.

Pour trouver l'objectif minimal qui est le plus pertinent pour tel ou tel patient, on peut poser quelques questions ciblées :

- À quoi allez-vous vous rendre compte que vous avez résolu votre problème ?
- Qu'est-ce qui changera en vous et dans votre vie, quand vous n'aurez plus de problème ?
- À quoi allez-vous vous rendre compte que le changement a commencé ?
- Qui va s'apercevoir en premier que le changement a commencé, vous-même ou votre entourage ? Comment allez-vous lui en faire part ?
- Comment votre entourage va-t-il s'apercevoir que le changement a commencé ? Qu'est-ce qui vous fera penser qu'il l'a remarqué, que dira-t-il selon vous ?
- Comment ferez-vous pour mettre en place ce premier changement ?
- Qu'aurez-vous besoin de faire pour que ce changement se reproduise de nouveau ?

Au cours d'une thérapie, qu'elle qu'en soit l'orientation théorique, un thérapeute et un patient dépendant expérimentent toujours le rapprochement et l'éloignement, la sécurité et l'insécurité. La capacité à supporter le manque, la déception, l'abandon, le vide sera, par exemple, vécue au moyen d'une question laissée sans réponse, d'un silence pesant et angoissant, d'un retard de rendez-vous, d'une absence imprévue, d'une fin de séance frustrante, d'une stagnation difficile à accepter, d'un échec d'objectif. C'est ainsi qu'il est d'ailleurs possible pour le patient de travailler sur sa propre capacité à contrôler et maîtriser ses peurs, à faire confiance sans s'abandonner complètement dans la passivité, à s'autoriser à essayer des solutions imparfaites pour éviter d'être dans l'idéalisation impossible – en fait, de faire moins pire et ne pas croire à l'effondrement de soi dès que la « mer bouge un peu ».

Agir sur la plainte du patient est un autre moyen très utile et plus expérimental d'aider un patient dépendant à gagner en indépendance. Cela permet d'intervenir sur ses schémas comportementaux et de l'amener à faire des changements minimaux. Le but premier, je le répète, n'est pas la suppression immédiate de la conduite addictive, mais la confrontation progressive au problème pour « éviter » l'évitement, cette solution apaisante à court terme, mais destructrice à long terme. La plainte doit toujours être modifiée progressivement et subtile. On peut jouer ainsi sur :

- La fréquence ou le rythme de la plainte.
- La durée de la plainte.
- Le lieu de la plainte.
- L'ajout ou la suppression d'un élément de la plainte.
- La modification dans la séquence de la plainte des différentes étapes.
- L'introduction d'un « virus » (comportement, pensée, émotion) incompatible avec le développement de la plainte.

Avec tous ces changements expérimentaux, le patient se donne, peu à peu, le droit de tester d'autres objectifs simples, qui sont autant de petites étapes avec « effet papillon ». Une exposition tentée et réussie devient alors le point de départ d'un exercice un peu plus difficile qu'est l'expérimentation de l'inconnu, donc de la vie.

Petit exercice pour couples dépendants

Avec les couples dépendants, le mécanisme de l'apprentissage du changement est le même. Le but visé est de remplacer à terme le système fusionnel, idéalisé, addictif par un système d'autonomie, de permettre de passer de l'expression « vivre à travers l'autre » à l'expression « vivre avec l'autre ». Deux mécanismes, parfois inconscients, mais sournois et mensongers, interviennent pour « fixer » les couples dans la répétition de l'échec : l'attente et l'exigence vis-à-vis de l'autre. Or plus on est dans l'attente, dans la croyance que l'autre peut exactement apporter ce qu'on attend (« ça et pas ça ») et être à la hauteur de ce qu'on espère (« il pourrait me comprendre, il pourrait m'aider, j'ai besoin de lui, il devrait savoir… »), et plus on crée un lien d'asservissement et d'aliénation. Si, de son côté, le partenaire a ce même genre de positionnement, on va se retrouver dans un système conjugal fait d'attentes réciproques non verbalisées et d'exigences déçues.

Pour mettre en place des stratégies d'autonomisation dans un couple, on peut tirer profit d'une auto-évaluation des attentes idéalisées chez les deux partenaires grâce aux réponses apportées aux questions ci-dessous. Les réponses sont à consigner dans un tableau à quatre colonnes qui sera rempli séparément par les conjoints, puis corrigé ensemble.

1re colonne : Qu'est-ce que j'attends de mon partenaire ? Notez tout ce qui vous vient à l'esprit, même ce qui vous paraît idéal et impossible : il n'est pas question ici de se limiter à ce qui est réalisable, mais de mettre au jour ce qui est attendu.

2e colonne : Qu'est-ce qui me prouve que cette attente est justifiée ? Devant chaque attente mentionnée dans la première colonne, demandez-vous : est-ce qu'il est justifié d'attendre un tel comportement (« je l'ai déjà vécu dans le passé… », « mon partenaire m'en a parlé comme de quelque chose de possible… ») ou bien est-ce que cela ne sert à rien d'attendre (« je n'ai jamais vécu cela… », « je n'ai jamais reçu cela de mon partenaire… ») ?

3e colonne : Pour chacune des attentes listées, à combien est-ce que j'évalue les chances que mon partenaire me comble, en partie ou en totalité ?
4e colonne : Qu'est-ce que je vais faire pour que mon partenaire continue à m'apporter ce qu'il m'apporte déjà ? (Et non pas : qu'est-ce que je vais faire pour que mon partenaire m'apporte ce qui figure sur ma liste et qu'il ne me donne pas ?)

En général, la première colonne est un concentré d'attentes égoïstes, d'envies personnelles, indépendamment de ce que l'autre désire. La deuxième colonne est plus réaliste et permet de mesurer le décalage entre ses désirs à soi et la réalité. La troisième colonne évalue de manière grossière, mais, malgré tout, intéressante, cette différence : si le niveau d'attente pour la première colonne est de 100 sur 100, le niveau d'attente pour la deuxième colonne est en moyenne de 30 sur 100. Cela semble indiquer que la prise de conscience du caractère irréaliste de certaines de ses attentes peut diminuer les déceptions et, par là même, les crises conjugales. Plus le nombre de réponses positives dans la deuxième colonne est élevé, et plus cela signifie que l'autre est capable de répondre aux attentes (mais il y a risque de déception et de crise quand le partenaire se trouve ainsi placé sur un piédestal) ou qu'il est perçu comme capable de donner ce à quoi on a droit (et il y a risque d'explosion à plus ou moins long terme quand on tient si peu compte des désirs du partenaire). La conscience de l'écart entre ses attentes et la réalité amène à expérimenter le risque de non-contrôle de l'autre, de vide non comblé, d'attente non satisfaite, de manque à gérer. La quatrième colonne est fondamentale, puisqu'elle propose d'agir, pour les renforcer, sur les attentes que le partenaire comble et non d'agir sur les attentes qu'il ne peut pas combler – en somme, d'agir sur les 30 % d'attentes comblées et non pas sur les 70 % d'attentes insatisfaites qui sont à l'origine des crises conjugales.

La conscience d'être soi

Après l'observation des conduites addictives et la prise de conscience de leurs avantages et inconvénients, après les premières tentatives pour faire bouger les conduites addictives tout en les maintenant en place, après les expériences risquées d'autonomisation et d'apprentissage du manque et du vide, nous voilà parvenus à la quatrième étape de la démarche thérapeutique. Cette étape concerne l'image que le dépendant a de soi et la confiance qu'il a en lui. À ce stade, il peut quitter le bord de la piscine ou sortir du port, explorer par lui-même le monde environnant, se faire confiance, croire dans ses capacités propres, ne plus avoir le même regard sur sa bouée ou son port d'attache. Cela dit, il en a encore besoin, surtout dans les moments de doute, de souffrance, de fragilité. Toutefois, le risque de retomber dans un attachement pathologique, parce qu'on recourt à son addiction d'avant, sera d'autant plus faible que le dépendant sait pouvoir compter sur soi-même, sur ses propres compétences, ses propres ressources, ses propres valeurs. D'où l'importance d'avoir effectué sur soi un certain travail pour pouvoir notamment :

- Lâcher ses bouées pathogènes les plus déstructurantes.
- Faire le tri et ne garder que quelques-unes de ses bouées les moins nocives.
- Repérer et construire des ports d'attache qui soient des lieux d'apaisement et de sécurité (et non de dépendance).
- Apprendre à gérer ses moments de vide et de fragilité sans risque de noyade.
- Prendre conscience de son existence propre (« j'ai mes ressources à moi au cas où... », « je ne suis pas uniquement dépendant de constructions artificielles... »).

La prise de conscience d'exister par soi-même ne signifie aucunement qu'on rejette les autres et qu'on se replie sur soi. Exister signifie se respecter, c'est avoir conscience de ses capacités et de ses limites, de ses valeurs et de ses incompétences, de sa place et de la place de l'autre, de son droit au plaisir et de la nécessaire présence de la souffrance et du manque... Plusieurs outils sont utiles pour conduire à cette prise de conscience de soi et de ses limites. La constatation, par auto-observation, de son fonctionnement addictif est un de ces outils, nous en avons déjà parlé ; l'apprentissage de l'affirmation de soi en est un autre.

Cette notion d'affirmation de soi recouvre de manière significative la notion d'autonomisation, puisqu'elle signe la différenciation entre moi et l'autre : si je m'affirme, c'est pour exister face à l'autre. Concrètement, s'affirmer, c'est oser prendre sa place, oser dire non, savoir faire un compliment vrai, savoir se mettre en colère si c'est justifié, etc. Cela demande, avant d'en arriver là, de prendre un risque et d'introduire un changement (encore une fois, nécessaire) dans les habitudes de soumission ou de « prostitution affective » qu'on s'est construites depuis des années pour éviter le vide, le manque, l'absence. Les techniques d'affirmation de soi, quand elles sont mises en pratique pour des situations de dépendance quotidienne permettent aussi de se doter de nouvelles compétences. Trois axes majeurs de changement sont à considérer en ce domaine :

1. ***La connaissance subtile de ses émotions*** face aux situations qui sont sources d'angoisse, de malaise, de panique anxieuse et qui ont jusqu'à présent été apaisées par les compulsions addictives. Les techniques les plus utilisées sont actuellement les techniques corporelles (par exemple la sophrologie, le training autogène, le yoga...) dont l'un des

buts est l'apprentissage de la respiration abdominale (permettant l'apaisement des émotions négatives), la conscience de ses limites corporelles (permettant de mieux percevoir l'espace entre soi et l'autre), la connaissance de ses sensations physiques positives et négatives (permettant une meilleure acceptation de l'imperfection), la capacité de centration sur soi (permettant d'agir sur le parasitage mental et physique). Tout cela va donner à la personne dépendante des compétences personnelles nouvelles dans ses relations aux autres. Elle va ainsi se rendre compte qu'elle peut elle-même agir sur ses propres émotions, qu'elle peut faire autre chose que de subir son malaise. C'est donc déjà en soi une expérience d'autonomie émotionnelle qui se confirmera dans des mises en situation au quotidien (faire la liste de situations qui sont d'ordinaire sources d'anxiété, de crises compulsives ; classer les situations en fonction du niveau d'angoisse ; débuter une exposition progressive, des situations les moins angoissantes vers les plus angoissantes, avec pratique de la gestion émotionnelle pour chacune des situations de la liste).

2. ***La remise en question objective de ses croyances négatives*** : la dévalorisation de soi, la culpabilité, le manque de confiance en soi, l'acceptation fataliste de la dépendance se retrouvent systématiquement dans les conduites addictives (« je ne peux vivre qu'au travers de l'autre… » ; « si l'autre ne m'accepte pas, c'est qu'il ne m'aime pas… » ; « je ne peux pas supporter l'indifférence de quelqu'un que j'aime… » ; « l'autre a forcément un jugement plus juste que moi… » ; « si je fais tout pour quelqu'un il doit m'aimer… » ; « c'est comme ça, je n'y peux rien… »). Un des buts de l'examen des croyances est de vérifier leur véracité. Les dépendants sont tellement convaincus que leur manière de penser est la bonne, qu'il n'y a pas d'autre choix possible (le tout ou rien avec maximalisation du négatif et minimisation

du positif) qu'ils ne se laissent aucune possibilité de critique. Le travail va consister à demander au patient de s'interroger sur ses croyances, d'apporter des preuves, d'argumenter face à sa conviction, de dresser la liste des avantages et des inconvénients et, enfin, de trouver lui-même une proposition plus objective pour chaque croyance erronée. Le résultat obtenu sera fonction de sa capacité à mettre en pratique, dans sa vie quotidienne, ce changement de mode de pensée. Ce changement sera d'autant plus sensible qu'il n'apporte pas de crainte excessive et n'implique pas d'exposition trop risquée ; il faut, pour cela, des changements acceptables par le patient lui-même ; sinon, c'est l'échec. Enfin, ce changement sera d'autant plus efficace que le patient accepte l'incertitude et le doute comme point de départ de toute confrontation à autrui.

3. ***L'utilisation appropriée de techniques de communication*** permettant l'apprentissage de la bonne distance à autrui : ayant intégré, dans une meilleure connaissance d'elle-même, la gestion de ses émotions et le questionnement de ses croyances, une personne dépendante peut alors agir sur ses relations avec les autres, première étape de distanciation face à autrui. S'exprimer (pour ne pas ravaler et en être malade), choisir de dire ou de ne pas dire (pour ne pas être « aimé » à n'importe quel prix), dépasser le rejet ou l'incompréhension de l'autre (pour oser être différent, donc éviter le clonage), laisser parler ses émotions et son corps (plutôt que de se « bétonner » par sécurité), voilà des objectifs dont il est bon de s'approcher pour pouvoir s'autoriser à se lâcher, lâcher le contrôle comme lâcher la dépendance... L'un des meilleurs moyens pour apprendre les techniques de communication est le travail en groupe par le biais de jeux de rôle, de mises en scène au plus près de la vie quotidienne, où sont jouées des situations de soumission et de dépendance (difficulté à dire non à un parent ou conjoint,

difficulté à exprimer des sentiments d'amour à un proche, difficulté à donner son point de vue face à un parent survalorisé, difficulté à faire face à la colère de quelqu'un qu'on aime…). Toutes ces difficultés sont associées à des croyances : peur de ne pas être aimé, peur d'être rejeté, peur du jugement des autres, peur de ne pas être à la hauteur… Les jeux de rôle permettent d'expérimenter, sans risque, le changement dans les conditions de sécurité qu'offre la thérapie. Ensuite, les membres du groupe sont amenés à pratiquer progressivement à l'extérieur ce qu'ils ont appris au cours des séances.

Il n'est évidemment pas question que ce soit le thérapeute qui donne la « formule magique », cela serait une nouvelle dépendance ; non, c'est le patient lui-même, par le travail répété sur ses situations concrètes, qui doit trouver progressivement les mots qui lui vont, les comportements qui lui conviennent, qui sont au plus près de sa « vérité ». C'est d'autant plus important que la communication est, au même titre que la gestion émotionnelle et le questionnement des croyances, une tentative pour changer et sortir de la dépendance, or ces outils d'apprentissage de l'autonomie peuvent très vite devenir de nouvelles dépendances s'ils sont utilisés comme de simples recettes apprises par cœur. Plus on avance dans le processus thérapeutique, et plus on apprend à prendre des risques, plus on apprend à lâcher sans perdre un certain contrôle, plus on apprend à expérimenter la solitude, plus on apprend à assouplir ses enfermements. Le but ultime est, bien sûr, la distanciation par rapport à l'objet addictif, quel qu'il soit, ce qui passe par l'acquisition, puis l'utilisation pertinente de cette « liberté apprise » : liberté dans l'utilisation de ses ressources propres et liberté dans la conscience de sa place parmi les autres.

L'estime de soi, la perception de ses valeurs propres

Le travail d'affirmation de soi permet de se positionner clairement vis-à-vis de l'autre, donc de prendre le risque d'être rejeté ou écarté ; il se fait au profit de la maturation personnelle et du respect de soi. Le travail sur l'estime de soi va dans le même sens, mais il en diffère en ce qu'il conduit au-delà du simple détachement vis-à-vis de l'autre : ce qu'il développe, c'est l'amour qu'on a pour soi, la conviction de sa valeur, la confiance dans son action. On y retrouve les notions de respect de soi (donc l'humilité), de vision positive de soi (donc l'autocritique), de confiance dans ses capacités, ses ressources, ses compétences (donc l'acceptation de ses fragilités et de ses échecs).

Test d'évaluation personnelle

Pour savoir où on en est de son estime de soi, il suffit de répondre à cette question : sur une ligne allant de 0 à 10 où 0 correspond à une valeur nulle (« je ne vaux rien, je n'ai aucune valeur à mes propres yeux ») et 10 à une valeur maximale (« j'ai une très haute valeur de moi-même, je suis quelqu'un de très grande valeur, j'ai une très haute opinion de moi »), à combien évaluez-vous votre valeur propre aujourd'hui ?

Refaites cet exercice sur quinze jours pour parvenir à une moyenne.

Développer une meilleure estime de soi-même est une des étapes par laquelle passe nécessairement un dépendant pour découvrir la réalité de sa valeur et la force de ses ressources. Plusieurs exercices sont intéressants dans ce but.

- ***Repérer dans le passé des expériences personnelles positives*** où les comportements que l'on a eus, les choix que l'on a faits ont permis de prendre conscience des ressources qui étaient les siennes, de grandir psychologiquement, de dominer ses émotions, d'atteindre un objectif et de prendre une décision engageant l'avenir.
- ***Repérer ses moments de compétence personnelle*** dans son quotidien, ceux où on est satisfait et fier de soi et qui, « cerise sur le gâteau », sont valorisés et reconnus par autrui.
- ***Repérer ses capacités à éviter le pire*** dans certaines situations difficiles. Quand la pente devient glissante et qu'on commence à imaginer le pire, on découvre par moments que l'on possède la capacité de ne pas s'effondrer et de remonter la pente. Comment arrivons-nous à éviter d'empirer les choses ? Comment s'imagine-t-on dans ce pire s'il se produisait ? Cela est-il réaliste ? N'est-ce pas dans ces moments-là que l'on découvre posséder une force intérieure et du courage ?
- ***Faire le point sur ses capacités de changement***, en repérant les outils utilisés au quotidien pour éviter le pire et refuser toute soumission : exercices d'auto-observation, tentatives de résolution de problèmes face aux situations difficiles, définition d'objectifs pour la journée, mise par écrit de ses ressources et de ses compétences…
- ***Développer son empathie***, subtil mélange d'humilité, d'honnêteté envers soi-même et d'affirmation de soi, dans ses rapports avec autrui. On ne vit pas seul avec son estime de soi, il est essentiel de pouvoir l'intégrer

à la construction d'un réseau social, affectif, où chacun a une place et une valeur unique.

- ***Accepter les rechutes***, c'est-à-dire les moments où on rate, où on n'est pas content de soi, où on ne contrôle plus ses émotions, où on subit l'échec, où ses techniques ne fonctionnent plus, où on se rend compte de ses incompétences. C'est évidemment là que l'on prend conscience de ses incertitudes, de ses doutes (mais, *a contrario*, aussi des forces acquises précédemment), qu'il faut recommencer à travailler, que ses croyances d'échec peuvent toujours se réveiller. Cela dit, jamais une « reprise en main » après un échec ne sera aussi difficile que la première tentative de changement réel qu'on a faite sur soi. Ce qui est acquis est acquis, on ne revient jamais à zéro, on peut régresser, mais la prise de conscience est là et certains réflexes reviennent vite.

L'éveil de la liberté

Qu'il soit seul ou en couple, la vie d'un dépendant s'est jusqu'à présent déroulée comme s'il ne pouvait que subir son existence. Ses bouées, plus ou moins artificielles, plus ou moins acceptées par l'environnement, ont donné lieu à la répétition d'automatismes addictifs. La prise de conscience de cet enfermement constitue assurément une étape décisive pour sortir du piège de l'addiction, mais cela ne suffira pas, l'épanouissement est encore au-delà. Cet épanouissement passera par l'amour de soi et l'amour partagé avec un autre, l'acceptation de ses émotions et de ses pensées, la participation active à son quotidien, la relativisation du regard d'autrui, la perception claire et sans mensonge des rôles qu'on est amené à jouer dans la vie, des expériences de silence, de rupture, de perte vécues sans drame inutile... Tous ces éléments sont nécessaires pour alimenter l'énergie qui nourrit l'individuation.

N'oublions jamais que nous sommes tous, en tant qu'êtres humains, des êtres dépendants chez qui l'addiction peut un jour ou l'autre prendre de telles proportions qu'elle en devient le moteur principal de l'existence. Mais, à l'inverse, si nous sommes tous des dépendants, accrochés à de multiples amarrages, nous pouvons tous aussi nous libérer de ces attaches quand elles deviennent par trop répétitives et contraignantes. Il existe en chacun de nous des ressources permettant de se détacher de ce qui nous fait mal. Certes, le processus est parfois difficile et douloureux, mais il y a, au bout, plus que la promesse, la certitude de moins souffrir et d'être mieux, de vivre une vie plus riche et plus variée, où non seulement figurent l'autre, la relation d'amour qu'on a avec lui, la sexualité confiante qu'on vit avec lui, mais aussi bien d'autres repères. Et ce sont tous ces repères qui, parvenus au terme de notre travail d'autonomisation, constitueront désormais notre « camp de base » pour pouvoir, sans trop d'angoisse, continuer, au fil du temps, à découvrir le monde.

CONCLUSION

Grandir ou pas ? (Eyes Wide Shut)

Notre existence quotidienne est en perpétuel mouvement, elle n'existe qu'en référence à une dynamique du monde lui-même en mouvement. Ce changement adaptatif continu est le meilleur moyen d'exister en tant qu'individu ; il nécessite autant l'utilisation de ses capacités personnelles, de ses valeurs, de ses ressources, que la connaissance de ses fragilités, de ses peurs, de ses manques ; il nécessite aussi la recherche d'amarrages pour tenir debout. Tout peut servir à s'accrocher : ses croyances, ses modèles éducatifs, ses relations, ses émotions, ses sentiments, ses plaisirs immédiats, son passé, son futur, etc. Quel que soit l'objet auquel on se retient, le besoin d'amarrage peut donner lieu à des formes d'attachement normales ou bien pathologiques, et c'est alors l'entrée possible vers les dépendances. Il nous faut donc voir trois étapes dans une sorte de dynamique évolutive constante :

Dépendance------maladie addictive------individuation

Ces trois états ont leurs avantages et leurs inconvénients. L'attachement, qui est la base de la dépendance, loin d'être pathogène en soi, peut être le point de départ du processus d'autonomisation. Ce qui permet à beaucoup d'entre nous de sortir « en pleine mer » tient à notre capacité de pouvoir retourner « au port » de temps à autre et de nous en passer pour partir explorer le monde et expérimenter la vie.

Les avantages de la dépendance, ou comment nager avec des bouées

La dépendance peut être risquée, mais c'est aussi une manière de se construire, même artificiellement, en attendant mieux. La métaphore de la piscine en fournit une très bonne illustration. Face à la sensation de profondeur, de vide, de limites inconnues, d'espace sans fin qu'est « la piscine humaine », plusieurs réactions sont en effet possibles. On peut éviter d'aller à la piscine : les conséquences en sont l'absence de confrontation à quelque chose qu'on ne connaît pas et la méconnaissance de ses vraies capacités. On peut aussi aller à la piscine, mais rester uniquement dans le petit bassin ; même si l'eau nous fait peur, on a pied ; d'ailleurs, autour de nous, les autres enfants sont comme nous. C'est mieux que rien, me direz-vous, mais cela oblige à rester un enfant, et rester un enfant, c'est peut-être une bonne idée pour qu'on s'occupe de soi, mais c'est aussi un bon moyen pour être manipulé ou raillé. Autre façon d'apprivoiser la piscine : aller dans le bassin des « grands », en ayant vérifié où est le maître nageur et en ayant pris une ou plusieurs bouées, pour le cas où… Il faut bien pouvoir s'accrocher à quelque chose, c'est souvent ça la vie.

Tant que les bouées fonctionnent, on leur fait confiance, on sait qu'on ne va pas couler, mais on en est dépendant, c'est clair. Et puis, il faut toujours être en éveil, toujours maîtriser son corps, toujours contrôler, autour, les autres nageurs : on ne prendra aucun risque et surtout pas que quelqu'un nous déstabilise par surprise. Le seul en qui on a vraiment confiance, c'est le maître nageur ; c'est sur lui qu'on peut s'appuyer, c'est lui qui nous sauvera, quoi qu'il arrive. Deux problèmes risquent alors de survenir, si on ne fait pas attention : en premier lieu, devenir accro à son maître nageur ! en second lieu, ne pas pouvoir le quitter, c'est-à-dire ne pas pouvoir se faire confiance, ne pas oser prendre des risques seul, ne pas être capable d'aller vers un peu d'inconnu, sans penser obligatoirement à la mort par noyade, seul, abandonné et sans personne pour nous aider… Être dépendant c'est précisément cela : nager avec des bouées, avec toutes les conséquences que cela implique. Il y a pourtant une dernière solution, qui demande plus d'effort, mais garantit une plus grande liberté à l'arrivée : apprendre à nager seul, là où on n'a pas pied, et n'aller chercher ses bouées que pour le plaisir, sans s'y accrocher, en s'en passant d'ailleurs très bien quand elles sont une gêne ou une contrainte.

Les risques de l'individuation, ou comment se fragiliser en construisant un château fort

Passer de l'état de dépendance (« j'ai besoin de l'autre… ») à l'état d'individuation (« je suis avec l'autre… ») n'est pas chose facile, je le concède volontiers. Lâcher ses « gris-gris », ses rituels, ses compulsions, ses dépendances, pour plus de souplesse et de vérité, nécessite de prendre des risques, de dire non, de renoncer à tout contrôler, de sortir du tout ou rien (« ou je contrôle tout et je suis parfait, donc normal, ou je me laisse un peu aller et, forcément, je lâche tout... »). Le risque est donc réel, mais il n'y a pas d'autonomie possible sans expérience de risque pris.

Attention, toutefois, il ne s'agit pas de prendre des risques n'importe comment : s'exposer à ses peurs et ses incertitudes doit se faire de manière progressive, par étapes ; on ne peut pas lâcher d'un coup tout ce à quoi on s'accroche parfois depuis des années. Il faut nécessairement passer par une période intermédiaire, où l'on s'habitue peu à peu à n'être plus tout à fait celui qu'on a été et pas encore celui qu'on va devenir. Imaginer qu'on puisse changer sans traverser de phase de transition, c'est faire l'erreur de tous ces couples en situation de rupture qui recherchent immédiatement, sans expérimenter le célibat, de nouveaux partenaires pour combler le vide laissé par les anciens partenaires. Comme si lâcher son passé pour l'inconnu de l'avenir était trop angoissant et qu'il valait mieux remplir tout de suite sa vie avec une nouvelle histoire qui, forcément, ne pourra être que la répétition, à l'identique ou à l'inverse, de celle d'avant.

Petites règles pour dynamiser son couple

On connaît l'histoire de ces porcs-épics qui, par un jour d'hiver glacial, se rapprochent pour se protéger et trouver un peu de chaleur. Mais leurs piquants les gênent, alors ils ne tardent pas à s'écarter les uns des autres. Mais le froid persiste, alors ils ne tardent pas à se rapprocher de nouveau... Et cela continue ainsi pendant un bon moment. Tantôt ils se rapprochent, tantôt ils s'écartent, tantôt ils se rapprochent, tantôt ils s'écartent… Jusqu'à ce que, enfin, à force d'essayer, ils finissent par trouver la bonne distance, celle qui leur permet à la fois d'avoir moins froid et de ne pas être piqués.

Il y a dans cette petite histoire des enseignements à tirer pour qui veut comprendre la stabilité de certains liens conjugaux. La modération de ses attentes vis-à-vis de l'autre, le développement de sa tolérance personnelle, l'acquisition d'un certain degré d'autonomie sont, en effet, des paramètres qui aident à la structuration d'un couple, à sa maturation et, en fin de compte, à sa durée. S'il est vrai qu'au départ, nous avons tous une image figée de ce que doit être une relation à deux, il existe toujours une marge de manœuvre certaine nous permettant de nous affranchir, au moins en partie, des schémas initiaux qui nous entravent.

On peut ainsi, à cause de ces schémas initiaux dont on a en grande partie hérité, commencer par vouloir nouer des relations qui auront pour but de ne pas être seul, de combler un vide, d'apaiser une angoisse, de trouver de la sécurité. Dans un tel contexte, on comprend que les conduites sexuelles et les relations affectives puissent devenir des objets de dépendances, des « drogues » au même titre que l'alcool, le tabac, l'alimentation, le sport, le travail. Pour autant, même dans ce cas, la connaissance progressive de soi et de l'autre, et l'acceptation progressive des différences entre soi et l'autre peuvent faire que le doute, la peur et la méfiance s'estompent. Alors, le mode d'échange devient moins anxieux et le partenaire, plutôt que d'être l'objet sur lequel se focalisent toutes les attentes, accaparant une attention considérable et dangereuse, peut davantage assurer une fonction sécurisante qui non seulement apaise, mais rend possible l'existence de moments de solitude. La règle de base pour pouvoir parvenir à cet état d'autonomie est d'accepter une bonne fois pour toutes que, dans un couple, on ne choisit que le moins mauvais partenaire, jamais le meilleur. Dans un couple, l'autre ne sera jamais à la hauteur de toutes nos attentes, et c'est tant mieux pour nous ; dans un couple, il faut faire le deuil de ces attentes, et c'est tant pis pour nous ; dans un couple, le partenaire n'est pas là pour apaiser tous nos manques, et c'est comme ça. C'est à ce prix et à ce prix seulement qu'on peut se respecter et respecter l'autre ; c'est à cette condition et à cette condition seulement qu'on peut alors vraiment faire couple.

ANNEXES

Suis-je un dépendant affectif ou sexuel ?

Pour permettre à ceux qui le désirent de réfléchir sur leur dépendance et leur addiction, voici quelques exercices d'auto-évaluation. Ils n'ont de sens que dans une lecture globale de votre histoire et sont à recouper avec d'éventuels problèmes actuels.

Les critères de la dépendance[1]

La dépendance est l'usage inadapté de substances produisant des complications cliniquement significatives, se manifestant par trois ou plus des éléments suivants présents à tous moments sur une période de douze mois :

1. Tolérance définie par l'un ou l'autre des critères ci-dessous :

- Besoin d'augmenter significativement les quantités de substance pour obtenir une intoxication ou l'effet recherché.
- Effet significativement diminué alors que la substance est consommée de manière continue en quantité stable.

2. Sevrage se manifestant par l'un ou l'autre des critères ci-dessous :

- Existence d'un syndrome de sevrage caractéristique.
- La substance est prise pour atténuer ou éviter les symptômes de sevrage.

3. Substance souvent prise en quantité supérieure ou sur un laps de temps plus long que ce que la personne avait envisagé.

4. Désir persistant de la substance ou existence de plusieurs efforts infructueux pour en réduire ou contrôler l'utilisation.

5. Temps considérable passé à faire le nécessaire pour se procurer la substance, la consommer ou se remettre de ses effets.

6. D'importantes activités sociales, occupationnelles ou de loisirs sont abandonnées ou réduites en raison de l'utilisation de la substance.

7. La consommation est poursuivie en dépit de la connaissance de problèmes somatiques ou psychologiques, continus ou récurrents, provoqués ou aggravés par cette consommation. Existence ou non d'une dépendance physiologique (présence de signes de tolérance et/ou sevrage).

Pour savoir si vous êtes dépendant sur le plan affectif ou sexuel, remplacez le terme substance du questionnaire ci-dessus par le terme sentiment, affection, conjoint, sexe, selon le problème qui vous préoccupe.

Les critères de l'addiction comportementale[2]

A. Impossibilité de résister aux impulsions à réaliser un type de comportement.

B. Sensation croissante de tension précédant immédiatement le début du comportement.

C. Plaisir ou soulagement pendant sa durée.

D. Sensation de perte de contrôle pendant le comportement.

E. Présence d'au moins 5 des 9 critères suivants :

1. Préoccupation fréquente au sujet du comportement ou de sa préparation.
2. Intensité et durée des épisodes plus importantes que souhaitées à l'origine.
3. Tentatives répétées pour réduire, contrôler ou abandonner le comportement.
4. Temps important consacré à préparer les épisodes, à les entreprendre ou à s'en remettre.
5. Survenue fréquente des épisodes lorsque le sujet doit accomplir des obligations professionnelles, scolaires ou universitaires, familiales ou sociales.
6. Activités sociales, professionnelles ou récréatives majeures sacrifiées du fait du comportement.
7. Perpétuation du comportement bien que le sujet sache qu'il cause ou aggrave un problème persistant ou récurrent d'ordre social, financier, psychologique ou physique.
8. Tolérance marquée : besoin d'augmenter l'intensité ou la fréquence pour obtenir l'effet désiré ou

diminution de l'effet procuré par un comportement de même intensité.

9. Agitation ou irritabilité en cas d'impossibilité de s'adonner au comportement.

F. Certains éléments du syndrome ont duré plus de 1 mois ou se sont répétés pendant une période plus longue.

Test de dépistage des troubles sexuels addictifs[3]

• Avez-vous été victime d'abus sexuel pendant l'enfance ou l'adolescence ?

• Vous êtes-vous abonné ou avez-vous régulièrement acheté des revues érotiques ?

• Vos parents avaient-ils des troubles sexuels ?

• Êtes-vous souvent préoccupé par des pensées de nature sexuelle ?

• Avez-vous le sentiment que votre sexualité n'est pas normale ?

• Votre partenaire a-t-il (elle) déjà souffert ou s'est-il (elle) plaint(e) de votre comportement sexuel ?

• Avez-vous des difficultés à maîtriser votre comportement sexuel quand vous savez qu'il n'est pas approprié ?

• Vous êtes-vous déjà senti mal à l'aise avec votre comportement sexuel ?

• Votre comportement sexuel a-t-il déjà été à l'origine de difficultés pour vous et votre famille ?

• Avez-vous déjà recherché de l'aide pour un comportement sexuel que vous n'aimiez pas ?

• Avez-vous déjà craint que des personnes puissent se renseigner sur vos pratiques sexuelles ?

• Est-ce que quelqu'un a déjà été choqué moralement par vos pratiques sexuelles ?
• Certaines de vos activités sexuelles sont-elles hors la loi ?
• Vous êtes-vous déjà fait la promesse de renoncer à certains aspects de votre sexualité ?
• Avez-vous déjà fait des efforts et échoué pour abandonner un certain type de comportements sexuels ?
• Devez-vous dissimuler certains aspects de votre sexualité aux autres ?
• Avez-vous tenté d'arrêter certaines de vos activités sexuelles ?
• Vous êtes-vous déjà senti dégradé par votre comportement sexuel ?
• Le sexe a-t-il été une façon pour vous d'échapper à vos problèmes ?
• Vous sentez-vous déprimé après un rapport sexuel ?
• Avez-vous ressenti le besoin d'espacer une certaine forme d'activité sexuelle ?
• Votre activité sexuelle a-t-elle déjà interféré avec votre vie familiale ?
• Avez-vous eu des rapports sexuels avec des mineurs ?
• Vous sentez-vous dirigé par votre désir sexuel ?
• Pensez-vous parfois que votre désir sexuel est plus fort que vous ?

Questionnaire d'identification des troubles sexuels compulsifs[4]

- Est-ce que vous, ou ceux qui vous connaissent, pensez que vous êtes excessivement préoccupé ou obsédé par la sexualité ?
- Est-ce qu'il vous arrive de vous sentir obligé d'avoir des rapports sexuels pour répondre à des problèmes de stress, d'anxiété ou de dépression ?
- Avez-vous eu de sérieux problèmes liés à votre comportement sexuel (par exemple, perte d'un travail ou de relations, maladies sexuellement transmissibles, blessures ou maladies, délits sexuels) ?
- Est-ce que certains aspects de votre comportement sexuel vous culpabilisent ou vous font honte ?
- Fantasmez-vous ou avez-vous certaines pratiques sexuelles que certains pourraient considérer comme « déviantes » ?
- Êtes-vous constamment à la recherche, dans une sorte de « balayage » de l'environnement, d'un partenaire éventuel ?
- Est-ce qu'il vous arrive de vous sentir obsédé par quelqu'un qui ne s'intéresse pas à vous ou ne vous connaît même pas ?
- Pensez-vous que votre masturbation soit excessive, compulsive ou dangereuse ?
- Avez-vous eu de nombreux rapports amoureux courts, intensifs et qui ne vous satisfont pas ?
- Ressentez-vous le besoin constant d'avoir des rapports sexuels ou de donner une expression amoureuse à vos rapports sexuels ?

Questionnaire d'addiction à l'amour[5]

Comptez de 0 à 2 selon que votre cas s'applique, ou non, aux affirmations du questionnaire.

2 : la plupart du temps

1 : parfois

0 : jamais ou presque jamais

1. Je dépends beaucoup des autres.
2. Je peux tomber amoureux(se) en une nuit.
3. Quand je tombe amoureux(se), je suis obsédé(e), je ne peux pas résister.
4. Quand je cherche une relation, je m'enflamme pour tous ceux que me témoignent de l'intérêt.
5. J'ai tendance à étouffer mes partenaires.
6. Je reste dans une relation, même si celle-ci est malsaine et quoi qu'elle m'en coûte.
7. Je tombe toujours amoureux(se) de personnes qui ne sont pas faites pour moi.
8. J'oscille entre un excès et un manque de confiance dans mes partenaires amoureux.
9. Quand une relation se termine, j'ai l'impression que ma vie est, elle aussi, terminée.
10. Quand une relation se termine, j'ai envie de me tuer.
11. Je suis prêt(e) à tout pour faire durer une relation difficile.
12. Je peux aimer quelqu'un de loin.
13. Je n'ai vraiment pas une bonne image de moi-même.
14. Je ne sais vraiment pas qui je suis.
15. Tantôt, je me sens supérieur(e) aux autres, tantôt je me sens inférieur(e) aux autres.

16. Je me sens souvent tenu(e) à l'écart, comme si je ne savais pas m'adapter aux autres.

17. Je n'arrive pas à rester seul(e), je me sens mal seul(e).

18. J'éprouve un grand sentiment de solitude quand je ne suis pas engagé(e) affectivement avec quelqu'un.

19. Quand une relation se termine, j'essaie de commencer une autre histoire le plus vite possible.

20. Je suis terrifié(e) à l'idée de ne jamais trouver quelqu'un d'exceptionnel à aimer.

21. En amour, je ne connais pas mes besoins, mes désirs.

22. Je ne sais pas dire non à mon (ma) partenaire.

23. J'essaie d'être comme mon (ma) partenaire veut que je sois ; je ferais n'importe quoi pour lui plaire.

24. J'ai très peu d'intérêt en dehors de mes relations affectives.

25. Je préfère souffrir plutôt que de mettre fin à une relation.

26. Quand je m'engage avec quelqu'un, je suis terrifié(e) à l'idée qu'il (elle) pourrait me faire ce que les autres m'ont déjà fait dans le passé.

27. J'aime maîtriser et contrôler les relations ; c'est la seule manière pour que je me sente bien.

28. Je ne sais pas discuter calmement ; j'attaque mes partenaires quand ils (elles) ne sont pas d'accord avec moi, ou alors je cesse de leur parler.

29. Je suis très sensible, ça me fait vraiment mal quand on me critique.

30. Je réagis de manière excessive à tout ce qui m'apparaît comme un rejet.

31. Je crois qu'une relation romantique peut tout arranger dans ma vie.

32. Je n'ai pas l'énergie d'améliorer ma vie.

Résultats

0	:	*Vous n'êtes pas un love-addict.*
0 à 16	:	*Vous êtes potentiellement un love-addict, soyez prudent.*
17 à 32	:	*Vous êtes sur le point de devenir un love-addict.*
33 à 48	:	*Vous êtes un love-addict et vous devez vous faire aider avant que les choses ne s'aggravent.*
49 à 64	:	*Vous êtes complètement dépendant de l'amour.*

L'attachement amoureux[6]

Dans ce questionnaire qui étudie l'exploration de l'environnement chez l'adulte, il s'agit de choisir parmi les trois propositions suivantes celle qui vous décrit le mieux.

1. Il m'est assez facile de me sentir proche des autres et de compter sur eux, tout comme il m'est assez facile de savoir qu'ils comptent sur moi. J'ai rarement peur d'être abandonné(e) ou de devenir proche de quelqu'un.

2. Je ne me sens pas à l'aise quand je suis proche des autres ; il m'est difficile de leur faire entièrement confiance et de compter sur eux. Je deviens anxieux(se) lorsque quelqu'un devient trop proche de moi ; bien souvent, mes partenaires amoureux voudraient que je sois plus intime avec eux, mais c'est trop pour moi.

3. Je trouve que les autres ne veulent pas être aussi proches que je le souhaiterais. Je m'inquiète souvent de savoir si mon partenaire m'aime vraiment ou s'il restera avec moi. Je veux complètement fusionner avec l'autre ; souvent, ce sentiment effraie et fait fuir les gens.

On retrouve ici les trois types d'attachement de l'enfant et de l'adulte, respectivement sécurisé, anxieux évitant et anxieux résistant ou, respectivement, ambivalent, autonome et préoccupé.

La dépendance interpersonnelle[7]

Veuillez lire chacune des 48 affirmations ci-dessous et décider si elles sont caractéristiques ou non de vos attitudes, de vos sentiments ou de vos comportements. Veuillez ensuite donner une évaluation de chaque affirmation en utilisant les valeurs suivantes :

4 : très caractéristique chez moi.

3 : assez caractéristique chez moi.

2 : un peu caractéristique chez moi.

1 : pas du tout caractéristique chez moi.

1. Je préfère être seul(e).
2. Quand j'ai une décision à prendre, je demande toujours un avis.
3. Je fais un meilleur travail quand je sais qu'il sera apprécié.
4. Je ne peux supporter d'être dorloté(e) quand je suis malade.
5. Je préfère être un disciple qu'un meneur.
6. Je crois que les gens pourraient faire beaucoup plus pour moi s'ils le désiraient.
7. Enfant, c'était très important pour moi de faire plaisir à mes parents.
8. Je n'ai pas besoin d'autrui pour me sentir bien.

9. Être désapprouvé(e) par quelqu'un qui m'est cher est très douloureux pour moi.

10. J'ai confiance dans ma capacité à faire face à la majorité des problèmes personnels que je peux rencontrer dans la vie.

11. Je suis la seule personne à laquelle je veux faire plaisir.

12. L'idée de perdre un ami intime me terrifie.

13. Je suis vite d'accord avec l'opinion des autres.

14. Je ne fais confiance qu'à moi-même.

15. Je serais complètement perdu(e) si je n'avais pas quelqu'un qui m'est cher.

16. Cela me gêne beaucoup quand quelqu'un découvre une erreur que j'ai faite.

17. J'ai du mal à demander une faveur à quelqu'un.

18. Je déteste quand les gens partagent ma douleur.

19. Je suis facilement découragé(e) quand je n'obtiens pas des autres ce dont j'ai besoin.

20. Dans une discussion, je cède facilement.

21. Je n'ai pas un grand besoin des autres.

22. J'ai besoin d'avoir quelqu'un qui m'est très proche.

23. Quand je vais à une soirée, je ne m'attends pas à ce que les autres m'apprécient.

24. Je me sens mieux quand je sais que quelqu'un d'autre commande.

25. Quand je suis malade, je préfère que mes amis me laissent seul.

26. Je ne suis jamais aussi heureux(se) que quand les gens savent que j'ai fait du bon travail.

27. C'est dur pour moi de me faire une opinion sur un divertissement (spectacle, variété(s) à la télévision, film) tant que je ne connais pas ce que les gens pensent.

28. Je n'hésiterais pas à passer sur les sentiments d'autrui pour accomplir quelque chose qui est important pour moi.

29. J'ai besoin d'une personne qui me mette au-dessus des autres.

30. Dans les situations sociales, j'ai tendance à être embarrassé(e).

31. Je n'ai besoin de personne.

32. J'ai beaucoup de difficultés à prendre moi-même des décisions.

33. J'ai tendance à envisager le pire si une personne que j'aime n'arrive pas quand je l'attends.

34. Même quand les choses vont mal, je peux me débrouiller sans avoir à demander de l'aide à mes amis.

35. J'ai tendance à attendre trop des autres.

36. Je n'aime pas acheter des vêtements moi-même.

37. J'ai tendance à être solitaire.

38. Je pense que je n'obtiens jamais vraiment tout ce dont j'ai besoin des autres.

39. Lorsque je rencontre de nouvelles têtes, j'ai peur de ne pas faire les choses correctement.

40. Même si les gens se retournaient contre moi, je pourrais continuer comme avant pour peu que la personne que j'aime me soutienne.

41. Je préférerais ne pas avoir de relations intimes que de risquer des déceptions.

42. Ce que les gens pensent de moi n'a pas d'influence sur la manière dont je me sens.

43. Je pense que la plupart des gens ne se rendent pas compte comme ils peuvent me blesser facilement.

44. J'ai vraiment confiance dans mon propre jugement.

45. J'ai toujours eu une peur terrible de perdre l'amour et l'appui des gens dont j'ai désespérément besoin.

46. Je n'ai pas ce qu'il faut pour être un meneur.

47. Je me sentirais impuissant(e) si j'étais abandonné(e) par quelqu'un que j'aime.

48. Ce que les autres disent ne me gêne pas.

Liste des signes distinctifs d'un partenaire dépendant[8]

- Garder secret le comportement du partenaire.
- Protéger le partenaire des conséquences de ses gestes.
- Nier l'évidence.
- Trouver des excuses au partenaire et se justifier devant autrui.
- Se croire responsable du comportement du partenaire.
- Critiquer et juger le partenaire de façon catégorique.
- Essayer de confronter le partenaire à son problème.
- S'estimer supérieur au partenaire.
- Passer outre le comportement du partenaire.
- Se méfier, à cause du partenaire, des gens qui n'appartiennent pas à la famille.
- Rationaliser le comportement du partenaire.
- Entretenir des fantasmes et des obsessions liés au problème du partenaire.
- Croire que, si le partenaire changeait, tous les problèmes s'envoleraient.
- Menacer le partenaire ou exiger de lui des promesses.
- Tenter de contrôler l'activité sexuelle du partenaire.
- Tenter de piéger le partenaire ou de le prendre sur le fait.
- Avoir des rapports sexuels avec le partenaire pour qu'il n'en ait avec personne d'autre.
- Avoir des sautes d'humeur marquées, avec des hauts et des bas.

• Être dans le ressentiment et la déception, avoir des sentiments de dépression et des remords.
• Perdre ses amis.
• Voir se détériorer la fierté familiale.
• Sceller des pactes secrets avec d'autres membres de la famille.
• Se montrer distant avec les membres de la famille.
• Voir s'affaiblir son estime de soi et son respect pour soi.
• Douter de soi et entretenir la crainte.
• Se sentir unique.
• Négliger ses besoins spirituels (prière, méditation).
• Faire des rêves bizarres.
• Changer ses habitudes alimentaires et ses horaires de sommeil.
• Avoir des accidents, des maladies ou des blessures à cause du stress issu de l'accoutumance.
• Perdre du temps au travail.
• Être moins capable de travailler ou de fonctionner normalement.
• Tenter de se suicider ou nourrir des pensées suicidaires.
• S'efforcer de contrôler les dépenses de la famille sans y parvenir.
• Avoir des problèmes financiers qui vont croissant.
• Prendre en charge des devoirs et des responsabilités du partenaire dans l'intention de conserver à la famille une vie dite normale.
• S'impliquer excessivement dans son travail ou dans des activités paraprofessionnelles.
• Avoir un comportement dégradant ou qui va à l'encontre du but visé.

Ciné-addict

Pour vous permettre une variation sur le thème des addictions, voici quelques références cinématographiques qui ont nourri ma dépendance au cinoche. La liste est, évidemment, non exhaustive.

Breaking the Waves, L. von Trier, 1996.
Crash, D. Cronenberg, 1996.
ET, l'extraterrestre, S. Spielberg, 1982.
Eyes Wide Shut, S. Kubrick, 1999.
In the Mood for Love, Wong Kar-Wai, 2000.
La Guerre des Rose, D. de Vito, 1989.
L'Empire des sens, N. Oshima, 1976.
L'Insoutenable Légèreté de l'être, P. Kaufman, 1987.
Orange mécanique, S. Kubrick, 1971.
Requiem for a Dream, D. Aronofsky, 2000.
She's so Lovely, N. Cassavetes, 1997.

Notes et références bibliographiques

CHAPITRE PREMIER
De l'attachement à la dépendance

1. R. Miljkovitch, *L'Attachement au cours de la vie*, Paris, PUF, 2001.

2. B. Pierrehumbert, *Le Premier Lien, théorie de l'attachement*, Paris, Odile Jacob, 2003.

CHAPITRE 2
L'amour : histoire d'un conditionnement

1. A. De Mello, *Une minute de Sagesse,* Montréal, Bellarmin, Paris, Desclée de Brouwer, 1999.

2. Les travaux de M. Ainsworth sont cités dans de nombreux livres, voir R. Miljkovitch et B. Pierrehumbert, *op. cit.*

3. Les travaux de M. Main sont écrits dans de nombreux ouvrages, voir R. Miljkovitch et B. Pierrehumbert, *op. cit.*

4. Pour être tout à fait exact, une quatrième catégorie, dite « désorganisée », regroupe les adultes qui ont subi des traumatismes dans l'enfance avec des deuils non résolus et qui n'ont pas de distance par rapport à ces souffrances passées ; elle concerne des personnes qui figurent, par ailleurs, dans l'une des trois catégories mentionnées ci-dessus.

5. R. Miljkovitch, « De l'empreinte à l'amour romantique », *Carnet Psy,* octobre 1999, p. 15.

6. C. Hazan et P. Shaver, « Love as attachment », *in* R. J. Sternberg et M. L. Barnes (éds), *The Psychology of Love,* New Haven and London, Yale University Press, 1988, p. 68-69.

7. M. Ainsworth, B. Pierrehumbert, « Amour et attachement », *Spirale,* n° 28, 2003, p. 31-41.

8. G. Gulotta, *Comédies et drames du mariage, psycho-guide illustré de la jungle conjugale,* Paris, ESF éditeur (3e éd.), 1999.

CHAPITRE 3
Dépendance, addiction, compulsion : faute de mieux ?

1. J.-L. PEDINIELLI, G. ROUANS et P. BERTAGNE, *Psychologie des addictions*, Paris, Presses Universitaires de France, 1997.

2. F. LELORD et C. ANDRÉ, *Comment gérer les personnalités difficiles*, Paris, Odile Jacob, 1996.

3. B. PIERREHUMBERT, *op. cit.*, p. 28.

4. R. MILJKOVITCH, *op. cit.*, p. 26.

5. S. L. MCELROY, K. A. PHILLIPS et P. E. KECK, « Obsessive compulsive Spectrum Disorder » *J. Clin. Psychiatry*, 1994, p. 33.

6. J. MAC DOUGALL, « De la sexualité addictive », *Psychiatrie française*, n° 4, 99, décembre. 1999, p. 194-216.

7. E. COLEMAN, « Is your patient suffering from compulsive behavior », *Paraphilias and related disorders, Psychiatric Annals*, 22, 6, p. 320.

CHAPITRE 4
La relation affective comme lieu de dépendance

1. M. CARDINAL, citée par R. Blondin, *Le Mensonge amoureux*, Québec, Les Éditions de L'Homme, 1985.

2. M.-R. LEIBOWITZ, *La Chimie de l'amour*, Montréal, Les Éditions de l'Homme, 1984. NDLA : je vous conseille également de lire le livre de M. REYNAUD, *L'amour est une drogue douce... en général*, Paris, R. Laffont, 2005.

3. R. BLONDIN, *op. cit.*, p. 77.

4. J. LAPLANCHE et J.-B. PONTALIS, *Vocabulaire de la psychanalyse*, Paris, PUF, 1967.

5. R. BLONDIN, *op. cit.*, p. 77. Voir aussi R.-M. Charest, « La dépendance amoureuse : étude clinique », *Revue québécoise de psychologie*, vol. 13, n° 3, 1992.

6. E. COLEMAN, *op. cit.*, p. 71.

CHAPITRE 5
Le sexe comme objet de dépendance

1. Je laisse ici volontairement de côté les pervers sexuels dont le seul but est l'assouvissement de leur excitation.

2. F.-X. POUDAT, *Bien vivre sa sexualité*, Paris, Odile Jacob, 2004.

3. Voir aussi P. CARNES, *S'affranchir du secret, sexualité compulsive*, Laval, Canada, Les Éditions Modus Vivendi, 1993.

4. H. I. KAPLAN et B.-J. SADOCK, « Paraphilies et troubles sexuels non spécifiés », *Synopsis de psychiatrie, Psychiatrie de l'adulte II*, Paris, Masson – Williams et Wilkins, 1998.

5. M. P. KAFKA et R. PRENTKY, « A comparative study of nonparaphilic sexual addictions and paraphilias in men », *J. Clin. Psychiatry*, octobre 1992, p. 345.

6. Voir aussi E. Coleman, *op. cit.*, p. 71. Kafka, *op. cit.*, p. 112. Autre référence : M. C. Quadland, « Compulsive sexual behavior : définition of a problem and an approach to treatment », *Journal of Sex and Marital Therapy,* n° 2, été 1985, p. 121.

7. B. Cordier et D. Feray, « Le concept d'addiction sexuelle », *Neuro-psy,* vol. 9, n° 1-2, 1994, p. 33.

8. F.-X. Poudat, « Les addictions sexuelles », *Cahiers de Sexol. Clin,* vol. 21, n° 127, p. 31, 1995.

ANNEXES
Suis-je un dépendant affectif ou sexuel ?

1. Selon la classification psychiatrique établie par le DSM-IV. American Psychiatric Association. MINI DSM-IV. Critères diagnostiques (Washington DC, 1994). Trad. française par J.-D. Guelfi *et al.*, Paris, Masson, 1996, 384 pages.

2. A. Goodman, « Addiction : définition and implication », *British Journal of Addiction*, 1990, 85, 1403-1408.

3. P. Carnes, *op. cit.*, p. 112.

4. E. Coleman, *op. cit.*, p. 71.

5. S. Peabody, *Addiction to Love,* Berkeley, Californie, Celestial Arts 1994. Reprod. J. Adès et M. Lejoyeux, *Encore plus, jeu, sexe, travail, argent,* Paris, Odile Jacob, 2001.

6. C. Hazan et P. Shaver, *op. cit,* Trad. française R. Miljkovitch, p. 26.

7. G. Loas, J.-Y Borgne, P. Gérard, J. Delahousse, « Évaluation de la dépendance affective : étude de validation de l'inventaire de dépendance interpersonnelle d'Hirschfeld et coll. (IDI) », *Ann. Médico-Psycholol*, 1993, 151, 7, 538-541.

8. P. Carnes *op. cit.*, p. 112.

Remerciements

Je tiens tout particulièrement à remercier ici Blaise Pierrehumbert. Nos échanges ont contribué à enrichir la matière de ce livre.

Table

Chapitre 3
DÉPENDANCE, ADDICTION, COMPULSION : FAUTE DE MIEUX ?

Chapitre 4
LA RELATION AFFECTIVE COMME LIEU DE DÉPENDANCE

Chapitre 5
LE SEXE COMME OBJET DE DÉPENDANCE

Chapitre 6
SEXE ET SENTIMENTS : LES RAISONS DE L'ENFERMEMENT

Chapitre 7
DE LA DÉPENDANCE À L'INDIVIDUATION : L'ÉQUILIBRE DYNAMIQUE

Ouvrage proposé par Christophe André

Cet ouvrage a été transcodé et mis en pages
chez Nord Compo (Villeneuve d'Ascq)

Impression réalisée par

CPi
BRODARD & TAUPIN

La Flèche (Sarthe), le 23-09-2010
N° d'impression : 60287
N° d'édition : 7381-2339-1
Dépôt légal : août 2009
Imprimé en France